The Builder

Revista para el estudio de la masonería

THE BUILDER

Revista para el estudio de la masonería

Publicado mensualmente por la
National Masonic Research Society

JOSEPH FORT NEWTON

N.º 9

EDICIÓN ORIGINAL	REEDICIÓN ESPAÑOLA
Septiembre, 1915	Marzo, 2024

Edición histórica

Diseño y maquetación:
EЯA | ALTA RESOLUCIÓN EDITORIAL

Publicado por
MASONICA
Ediciones del Arte Real

© 2024 ENTREACACIAS, S.L.

ENTREACACIAS, SL
[Sociedad Editora]
Covadonga, 8
33002 Oviedo - Asturias (España)
info@freemasonrybooks.com

Primera edición: marzo de 2024

ISSN: 2695-8899
ISBN (edición impresa): 978-84-19985-52-1
ISBN (edición digital): 978-84-19985-53-8
Depósito Legal: AS 00143-2020

SUMARIO

--- N.º 9 - Marzo, 2024 ---

EDITORIAL

The Builder es un foro abierto para la discusión libre y fraternal. Cada uno de sus colaboradores escribe con su propio nombre y es responsable de sus opiniones. Creyendo que una unidad de espíritu es mejor que una uniformidad de opinión, la Sociedad de Investigación, como tal, no defiende ninguna escuela de pensamiento masónico frente a otra, sino que ofrece a todos por igual un medio para el compañerismo y la instrucción, dejando que cada uno se mantenga o caiga por sus propios méritos.

REGLAMENTO DE LOS CANTERO DE REGENSBURG

(Nueva traducción del alemán)
CONCLUIDO

Por el Hno. F. W. Kracher, del Departamento de Alemán, Universidad Estatal de Iowa

Como ya se ha dicho, la cuestión con respecto a los antiguos canteros alemanes es si eran o no francmasones, y las opiniones están divididas. En aras de la discusión, nos aventuramos a ofrecer esta conjetura -no la llamamos teoría- de que se encontraban a medio camino entre los gremios y los francmasones. Si creemos a Findel y a otros, los canteros parecen haber estado en posesión del primer grado de la masonería, o de la sustancia de la misma, aunque uno puede dudar en aceptar todos los detalles dados por Findel en cuanto a sus ceremonias de iniciación. Nunca se ha establecido si tenían algo más, por ejemplo, la Leyenda Hirámica. Tal vez fueron hombres empleados por los constructores de catedrales, a quienes confiaron los primeros principios de la masonería -como muchos piensan que fue el caso de los masones egipcios con respecto a los misterios- y como tales continuaron existiendo y trabajando incluso después de que la Orden matriz decayera. En cualquier caso, estaremos encantados de que los Hermanos examinen esta conjetura y la sometan a la prueba más severa en nombre de la verdad sobre los canteros alemanes.

-El Editor.

27. El maestro que tenga a su cargo un libro de la Orden deberá cuidarlo de acuerdo con su voto a la misma. No debe copiarlo ni hacerlo copiar por otra persona, no debe darlo ni prestarlo a nadie, para que el libro permanezca siempre en el Oficio tal y como decidieron los obreros. Pero, si un miembro de la Orden necesita conocer uno o dos párrafos, el maestro puede dárselos por escrito. El maestro se encargará de que se lea el reglamento en voz alta a todos los trabajadores de los talleres una vez al año.

28. Si se plantea la cuestión de la expulsión de algún miembro objeto de queja, el maestro del distrito no actuará de forma independiente. Se convocará a otros dos maestros que estén en posesión de las reglas escritas, y que estén facultados por sus hermanos, para que el consejo esté compuesto por tres. A este consejo se añadirán los trabajadores de la tienda en la que haya surgido el problema. La decisión de los tres maestros, apoyada por la mayoría de los trabajadores, será entonces aceptada por todos los artesanos.

29. En caso de que dos o más maestros de la Orden discutan sobre asuntos no directamente relacionados con la cantería, esta disputa no se llevará ante ningún otro tribunal que no sea el de la Orden, que decidirá de acuerdo con su entendimiento. No obstante, la decisión debe someterse a la aprobación de las ciudades en las que tuvo lugar la disputa.

30. Para que el ritual de la Orden pueda ser debidamente observado con el culto divino y otras ceremonias necesarias, cada maestro donará a la Orden un «gulden» en su iniciación. A partir de entonces, deberá pagar anualmente cuatro «blappart» (moneda de plata pequeña) a la tesorería de la Orden. Cada artesano paga también cuatro «blapparts»; lo mismo cada aprendiz al terminar su periodo.

31. Cada maestro y obrero perteneciente a la Orden y empleado en un taller, estará en posesión de una caja de ahorros. En esta caja se echará un penique cada semana. El dinero debe ser recaudado por el maestro y entregado a la Orden una vez al año. Con él se pagarán los servicios eclesiásticos y otros gastos de la Orden.

32. Todos los maestros que tengan tales cajas pero en cuyos talleres no se lleve ningún libro (de cuentas) de la Orden, deberán entre-

garlo al maestro que tenga los libros una vez al año, y a continuación se celebrará un servicio religioso. Si un maestro o artesano muere en un taller en el que no se lleva ningún libro, hay que comunicarlo al siguiente maestro que tenga un libro de la Orden. Después de ser informado de tal fallecimiento, se realizará una misa en beneficio del alma difunta, y el maestro y los artesanos que habían trabajado con el difunto deberán pagarla.

33. Cualquier gasto ocasionado a un maestro o artesano por la Orden será reembolsado con cargo a la tesorería de la Orden; sea poco o mucho. Si alguien fuera llevado ante los tribunales por asuntos relativos a la Orden, o si por ello alguien se viera en necesidad, todos los maestros y artesanos deberían ayudarle de acuerdo con su voto a la Orden.

34. En caso de que un maestro o artesano enferme, o tenga que interrumpir el trabajo y se vea, por ello, enfrentado a la necesidad, recibirá ayuda de aquellos maestros que tengan a su cargo la tesorería de la Orden. No obstante, el beneficiario de la ayuda debe comprometerse a devolver todo el dinero recibido tras su recuperación. En caso de fallecimiento, se venderá la cantidad de ropa y otros artículos que queden que sea necesaria para cubrir la deuda. Este es el libro de reglamentos de los vigilantes (capataces) y artesanos.

35. Ningún maestro empleará a un artesano que haya inducido a una mujer al adulterio, o que lleve una vida inmoral con las mujeres; que no se confiese al menos una vez al año como prescribe la iglesia, o que tenga la mala fama de apostar su ropa.

36. Si un trabajador solicita innecesariamente una excedencia, perderá el derecho a otra excedencia durante todo un año. Esto se aplica tanto a los obreros de los talleres como a los que trabajan en los edificios.

37. Si algún maestro emplea a un artesano ambulante y desea despedirlo, puede hacerlo un sábado o la tarde del día de pago, para que el hombre pueda seguir viajando. Lo mismo hará con artesanos que deseen marcharse. Esta norma no es válida si alguna de las partes ha alegado una causa justa.

38. Ningún artesano se acercará a otro para trabajar, a menos que sea el maestro de la obra o el capataz, y nunca sin el conocimiento de su maestro o del capataz. Reglamento de los sirvientes (obreros comunes.)

39. Un maestro no empleará a ningún trabajador que no haya nacido dentro del matrimonio. Por lo tanto, debe tratar de informarse al respecto preguntando al hombre si su padre y su madre estaban real y verdaderamente casados.

40. Ningún constructor o maestro podrá hacer «parlierer» (vigilante) a un obrero que aún esté prestando sus servicios como aprendiz.

41. Ningún constructor o maestro podrá hacer «parlierer» a ningún obrero, aunque haya cumplido su período de aprendizaje, pero que no haya viajado al menos un año.

42. Si uno ha servido como ayudante de un masón y viene a un maestro, con el fin de aprender de él el oficio, no será aceptado como aprendiz a menos que vaya a servir como tal ayudante durante tres años.

43. Ningún constructor o maestro empleará a nadie como obrero y lo elevará a aprendiz en menos de cinco años.

44. En caso de que un aprendiz abandone a su maestro durante su mandato sin causa justificada, dicho aprendiz no podrá ser contratado por ningún otro maestro. Ningún compañero artesano podrá apoyarlo o asociarse con él de ninguna manera a menos que pueda demostrar testimonialmente que ha cumplido el tiempo regular y ha satisfecho todos los requisitos del maestro. Nadie podrá liberarse antes del tiempo estipulado, a menos que haya contraído matrimonio con el consentimiento de su maestro, o tenga alguna otra causa justificada que pueda obligarlo a él o al maestro a hacerlo.

45. Si un obrero considera que no es tratado correctamente por el maestro para el que trabaja, puede presentar una queja en el lugar de trabajo, para que se le instruya y se corrija el agravio de acuerdo con las normas de la Orden.

46. Cada maestro que tenga un libro (permiso) del distrito de Estrasburgo, pagará cada Navidad medio gulden a la tesorería de Estrasburgo. Y esto se hará hasta que se pague la deuda que pesa sobre ese tesoro.

47. Todo maestro que tenga un libro y cuyo trabajo haya concluido de modo que ya no pueda emplear a sus ayudantes, enviará el libro y todo el dinero que pertenezca a la Orden al constructor de Estrasburgo.

48. El día de San Marcos del año de Nuestro Señor de mil cuatrocientos cincuenta y nueve, cuatro semanas después de Pascua, se decidió lo siguiente en la reunión de Ratisbona: El constructor Jost Dotzinger, de Worms, encargado de la catedral de Nuestra Señora de Estrasburgo, será el juez supremo de nuestra Orden. Lo mismo ocurrirá en el caso de sus sucesores en el mismo trabajo. (Una decisión similar se dictó antes en Spyr, en Estrasburgo, y el nueve de abril del año mil cuatrocientos sesenta y cuatro de nuevo en Spyr). El maestro Lorenz Spenning, de Viena, será la máxima autoridad en Viena para todo el país. Los actuales maestros de Estrasburgo, Viena y Colonia, estos tres, o sus sucesores, constituirán la máxima autoridad de la Orden. No pueden ser desplazados sin una buena y justa causa.

49. Este es el distrito que pertenece a Strassburg: todo el país por encima del Mosela; el país de los francos hasta el bosque de Turingia, y Babenburgo hasta el monasterio cerca de Eystetten; desde Eystetten hasta Ulm, desde Ulm hasta Augsburgo, hasta el Adelburgo cerca de la tierra de los galeses (Flance); Meisen, Turingia, Sajonia, Frankfurt y Hesse, y también Suabia le obedecerán. Pertenecen al distrito del maestro Lorenz Spenning, constructor de la catedral de San Esteban, en Viena: Lambach, Estiria, Werckhusen, Hungría (a lo largo del Danubio.) El maestro Steffen Hurder, constructor de San Vicente en Berna, controlará los cantones. El maestro Conrado, de Colonia, constructor de la catedral de ese lugar, y todos sus sucesores, tendrán a su cargo el resto de los talleres que ahora están en la Orden o que puedan, en un período futuro, ser admitidas a la misma. Cualquier maestro, parlierer y compañero de oficio que actúe en contra de un párrafo secreto o registrado, será llamado ante dicho consejo y reprendido, si la queja está fundada en buena autoridad. Cualquier castigo que se imponga debe cumplirse obedientemente, como exige el voto. Si uno hace caso omiso de la llamada sin una buena razón, será multado *in absentia*. Si se niega a pagar, puede ser llevado ante un tribunal secular o eclesiástico que decidirá lo que debe hacerse con él.

50. Quien quiera unirse a esta Orden, debe jurar cumplir todas las reglas que están escritas en este libro o que puedan añadirse en el futuro. En caso de que el emperador, el rey, el príncipe o cualquier otra autoridad, con razón o sin ella, se oponga a su pertenencia a la Orden, puede actuar de tal manera que no pueda sufrir ningún daño. Cualquier asunto con la Orden se puede arreglar a través de compañeros de trabajo que sean miembros de la Orden.

51. Si es deber de todo cristiano trabajar por la salvación de su alma, mucho más lo es de todo maestro y artesano a quien Dios todopoderoso ha dotado de la capacidad de erigir iglesias y otros edificios y, con ello, ganarse la vida. El agradecimiento debe llenar sus corazones y, movidos por su naturaleza cristiana, deben esforzarse por aumentar los servicios divinos y, al hacerlo, ganarse la salvación de su alma. Por lo tanto, en honor de Dios Todopoderoso, de su digna madre María, de todos los santos, y especialmente en honor de los cuatro santos, y en beneficio de las almas de todas las personas que pertenecen a esta orden o que puedan unirse en el futuro, nosotros, como canteros, hemos acordado estas reglas para nosotros y para todos nuestros descendientes: Habremos celebrado una misa cada año en el tiempo dedicado a los cuatro santos, a saber, en el Munster de Estrasburgo, y allí en la capilla de Nuestra Señora. Esta misa será una para nuestras almas con todas las ceremonias que le pertenecen.

52. Esto se ha decidido el día nueve de abril del año de Nuestro Señor mil cuatrocientos sesenta y cuatro, en la reunión representativa de Spyr, etc. (Siguen los nombres de los maestros de las diferentes delegaciones y sus firmas y suscripciones).

LA FUENTE DE LA JUVENTUD

Hermano, nunca, nunca serás
Más cerca de la fuente de la juventud perpetua
Que estás aquí en masonería,
Amor fraternal, alivio y verdad.

- L.B.M.

QUÉ HERMOSO

Qué hermoso es pensar que los hombres
De las herramientas de su empleo
Podrían hacer que enseñaran las cosas más grandiosas
Eso les dio la mayor alegría,
Eso dio la sustancia de todo bien,
Eso dejaba claros los deberes de la vida,
Que dio al mundo una hermandad
 Y forjó su cadena de oro.
Qué hermoso, al volver
El pergamino escrito del tiempo
Para encontrar esa necesidad hecha causa común
Para las cosas más sublimes,
Las cosas que aligeran cada carga,
Que dan vida a una alegría
Desconocido guardar donde estas «herramientas de trabajo»
Dio a los hombres su principal empleo.
Qué hermoso es saber que mientras
Las religiones no pueden salvar
Ni credos, ni creencias, ni todo
Que el alma esclavice,
Que los hombres, en gremios, más prácticos
Y unos a otros verdaderos
Han marcado el paso a todo el mundo
Lo que debe ser y hacer.
Qué hermoso, en este nuestro día
Cuando la operativa ha pasado,
Que nos queda el oro
 Sus trabajos han acumulado,
La inestimable riqueza de los verdaderos trabajadores
Fundidos en una hermandad
Que emuló a lo largo de los años
Significará el mayor bien del hombre.

   - L. B. Mitchell, Michigan.

LA ESCALA ASCENDENTE

Simbólicamente hacia el cielo
Se levanta el templo masónico,
Y frecuentamos sus tribunales para premiar
Y ganar aún más sus premios.

   - L.B.M.

SUGERENCIAS SOBRE PLANIFICACIÓN, CONSTRUCCIÓN Y FINANCIACIÓN DE TEMPLOS

Por el Hno. R.I. Clegg
Presidente, The Masonic Temple Association, Cincinnati, Ohio

Supongo que hay más de cien millones de dólares en templos masónicos en los Estados Unidos. ¿Lo dudas? Descúbrelo por ti mismo. Coge tu propia localidad. Compara la proporción de la población nacional con el número total de personas de su entorno. Haz lo mismo con la cantidad invertida en sedes y edificios locales y su equipamiento. Valora la propiedad en función de sus perspectivas de venta actuales.

¿Cuáles son tus conclusiones? ¿Realmente la cifra anterior no es una estimación modesta?

Evidentemente, el tema es muy importante desde el punto de vista financiero. Pero cuidar lo que ya hemos construido es sólo una parte del problema. No hay periódico masónico que dé cuenta libre de las actividades de las logias individuales y de la Gran Logia que no hable en casi todos los números de las operaciones de construcción. Crecen a buen ritmo.

Consulta las actas de su Gran Logia, dondequiera que se encuentre. Obsérvese la colocación de las piedras angulares y las dedicatorias. Aquí mismo, a menos de una hora en tranvía de donde se escriben estas palabras, hay seis nuevos edificios en perspectiva de ser añadidos o sustituidos por los que ahora ocupa la fraternidad.

Con toda esta boyante vitalidad en el desarrollo de la construcción masónica en todo el país, podríamos esperar encontrar a mano una abundante reserva de información fácilmente obtenible sobre todos los ángulos de la arquitectura y las finanzas de los templos masónicos. Este no es el caso.

Pocos saben algo al respecto y menos aún cuentan lo que saben.

Un masón oficial previsor de alto rango ordenó que se depositaran en su oficina los planos de todas las estructuras construidas por los hermanos a sus órdenes. Fue un pensamiento sabio. Pero nunca se lo tomó en serio. Pocos accedieron a su petición.

Tampoco he oído que se exija lo mismo en otros lugares, aunque los planos, los reglamentos de los accionistas, los estatutos de los administradores, diversos informes anuales característicos, copias de los estatutos, detalles de los gastos de construcción y de las cargas de mantenimiento, estos y otros elementos similares se me ocurren fácilmente como muy útiles para encontrar un camino seguro para los que son nuevos en la carretera. Y pocos son los que en el curso natural de los acontecimientos construyen más de un templo masónico.

Muchos coleccionan postales de templos masónicos. Nunca he encontrado ni oído hablar de nadie que determine los costes del templo y los gastos generales con tanta diligencia.

Los inspectores hacen un seguimiento crítico del «trabajo» y no dudan en hacer comentarios al respecto. Desgraciadamente, no hay inspectores masónicos que aporten a los administradores de templos los conocimientos de construcción combinados del oficio.

Por nada del mundo insistiría en que iniciáramos una disputa indecorosa sobre si los funcionarios ejecutivos de un gran organismo deben o no entrar, o hasta dónde pueden penetrar adecuadamente, en los asuntos privados de sus ramas subordinadas. Algunos de los Hermanos son susceptibles en estos puntos. En efecto, afecta a la independencia democrática, y si el oficialismo se acentuara, muchos podrían resentirse. Mientras se paguen las cuotas y las ceremonias se lleven a cabo de acuerdo con las formas prescritas, no hay excusa, dicen, para una mayor intrusión. Puede que sí. Sin embargo, después de todo, cuántos tristes desenlaces de una empresa demasiado impetuosa podrían haberse evitado si los planificadores de la misma se hubieran fortalecido con la experiencia de otros, adquirida a un precio muy alto. Además, permítanme aventurar sólo algunos de los comentarios que me vienen a la mente sobre los aspectos menos elogiosos de la construcción de templos. Tal vez entonces no nos sintamos tan inclinados a defender celosamente la estricta etiqueta de la independencia de la logia, por mucho que yo también la estime. Después de haber examinado uno o dos fracasos, hay más tendencia a estar de acuerdo con la disposición de agilizar y endurecer la supervisión oficial.

¿Hay hoy alguna logia que pierda por negligencia en materia de fianzas o seguros sin que todos sintamos vergüenza y resentimiento? En muchas direcciones se está ejerciendo una supervisión oficial para comprobar las condiciones existentes en estos dos aspectos. Tal vez la superintendencia oficial podría llegar más lejos y con provecho para todos los implicados.

No suponga que se trata de una suposición precipitada. Hay un edificio monumental bien conocido por miles de masones en el que el nombre «Masónico» está blasonado en el letrero de un salón en la planta baja. Otro edificio «masónico» tuvo durante mucho tiempo una serie de exhibiciones teatrales presentadas en su auditorio que eran la desesperación de la fraternidad local. Los problemas anteriores se debieron sin duda a la celebración de contratos de arrendamiento imprudentes o a la pérdida del gobierno directo de los locales.

Un edificio masónico ha mostrado un gasto por pie cúbico de construcción muy superior a cualquier otro. Se trata de una temeridad arquitectónica que, a su debido tiempo, los obligacionistas ajustaron desagradablemente. Un edificio masónico erigido con suerte como productor de dividendos para servir a una caridad digna ha sido una carga para la fraternidad que parece tan dudosa de ser levantada pronto como lo fue Simbad el Marino de los hombros del Viejo del Mar. Este infortunio se debió a un exceso de fe no respaldado por amplios recursos financieros, pero probablemente acabará teniendo éxito si se le dedica mucho tiempo y un apoyo constante.

Por supuesto, hay otros aspectos. Estos son sólo algunos casos típicos y muy separados entre sí. No se puede decir demasiado de la devoción y abnegación de los hermanos a la hora de respaldar las empresas de construcción. Me han dicho que en una ciudad se han cobrado 12 dólares al año cada uno en concepto de cuotas de logia. Sin duda, se merecen el mejor de los templos. En otra ciudad los hermanos están pagando 8 dólares anuales de cuota a su logia para sufragar los gastos de un nuevo hogar.

Y en un caso más, recuerdo que los cuerpos masónicos, desde la Logia Azul hasta el Santuario, reunieron sus fondos, comprometieron sus ingresos conjuntos, pusieron freno a todos sus banquetes y, según los últimos informes, salieron rápidamente de las profundidades de una gran deuda. Evidentemente hay formas y formas de llegar al tema y de hacer un estudio práctico y provechoso del mismo. Me gustaría detenerme en este aspecto financiero de la discusión, pero el tema es siempre delicado y me siento impedido de entrar demasiado minuciosamente en su consideración. El espacio, además, es precioso y por ello debo ser breve.

En casi todas las bibliotecas públicas hay libros sobre teatros, iglesias y edificios de oficinas. El Gobierno de los Estados Unidos ha clasificado y tabulado exhaustivamente sus edificios públicos y sus costes en forma de publicación. Los volúmenes igualmente preparados sobre los templos masónicos son rarezas tan desconocidas como el dodo, el roc o el unicornio. Así que aquí he apuntado algunas pistas sobre ciertos ángulos de la situación que pueden ayudar a aquellos que tengan ocasión de indagar en la cuestión, y realmente no se sabe cuándo el problema puede infectar a cualquier vecindario.

Por supuesto, conseguirás un arquitecto y lo mejor es que lo consigas pronto, y lo mejor nunca es demasiado bueno. Es evidente que debería ser miembro de la Orden. Hay muchas cosas que discutir que no se pueden hablar libremente a menos que el arquitecto sea uno de vosotros. Este punto es tanto más pertinente cuanto mayor es la empresa. A veces, antes de llegar al arquitecto, hay algunos elementos que pueden tenerse en cuenta.

Y primero en cuanto a la ubicación: Si pones tu templo en el centro de tu ciudad pagarás mucho más por el sitio. Pero luego llama la atención de tus conciudadanos y de los visitantes. Es ante todo un anuncio y debe serlo de forma destacada y favorable. Todos los que «pertenecen» al templo del centro reciben entonces el mismo trato en cuanto a la ubicación y sus desplazamientos al mismo. Erige tu templo en las afueras y entonces algún hermano tendrá que venir a la ciudad desde los suburbios y verse obligado a viajar de un extremo al otro, a recorrer toda la ciudad de hecho para llegar a alojarse.

Cuando el hermano lejano tenga unos cuantos vecinos como compañeros, puede que algún día descubra que estos hermanos lejanos están presentando una solicitud para que se instituya otra logia más cerca de sus casas. Esto puede ser algo muy correcto, pero si hay una hipoteca apremiante sobre el edificio de su logia, quizá no apruebe su acción tan calurosamente como lo haría si el préstamo se hubiera liquidado antes de que hubieran hecho el movimiento de dejarle.

Pero no se precipite al suponer de antemano que estar en el centro de la ciudad hace que su alojamiento crezca más rápidamente o que una ubicación céntrica es, por tanto, la mejor opción por sus atracciones centrales.

Examinemos un poco la historia de estos asuntos en la medida en que afectan a una determinada ciudad en la que los hechos están al alcance de la mano. Revisando los registros de varios años, compruebo que las logias del centro de la ciudad pagan menos alquiler que las de otros lugares, pero también crecen con menos rapidez. En los últimos seis años, el número de miembros de un capítulo situado a seis kilómetros de la zona comercial principal ha triplicado el de cualquiera de los dos Arcos Reales del centro de la ciudad.

Eso sí, en este debate no estoy considerando en particular si son mejores los cuerpos grandes o pequeños o si los ritmos de crecimiento lentos o rápidos son los más deseables a largo plazo. He oído el argumento de que un templo masónico debería tener una ubicación central porque, entre otras razones, allí atraerá una mayor asistencia y los cuerpos se acumularán más rápidamente. Hasta ahora no he encontrado pruebas suficientes que demuestren este argumento. De hecho, me inclino a creer que el crecimiento de las logias depende en gran medida de otros factores.

En cuanto a la determinación de los alquileres de los templos masónicos, se pueden encontrar numerosas variedades. La gestión de un templo tiene una especificación de pies cúbicos, de modo que la ocupación de determinadas salas que tienen techos más altos aumenta automáticamente los alquileres cuando estas salas concretas están en uso. Un alquiler basado en superficies relativas, una regla del pie cuadrado, sería una solución obvia y probablemente habitual. Me atrevo a decir que el primer caso es poco frecuente, pero no carece en absoluto de ingenio a la hora de buscar una solución equitativa a un problema incómodo. También hay estipulaciones, por ejemplo, que cuando ha transcurrido un determinado número de horas durante una comunicación, se cobra un recargo porque se está solapando lo que se considera una tenida; y también cuando se asigna al inquilino un número determinado de tenidas, con un recargo por todo lo que exceda de las mismas.

En cuanto a los importes recaudados en concepto de alquileres, son muy elevados. El alquiler más alto del que he tenido noticia hasta ahora era de unos 2.000 dólares al año por una sala en la logia y las dependencias previas necesarias. Como era de esperar, en este caso hubo grandes necesidades en cuanto al número de miembros y de reuniones. Una Comandancia exige muchas instalaciones de taquillas y a menudo dispone de una sala de la Cruz Roja, así como de Cámara de Reflexión. Sobre esta base, la superficie alquilada es grande y el alquiler aumenta proporcionalmente. Si este equipamiento sólo es utilizado por uno o dos organismos, hay un gran espacio parado durante una parte considerable del año. Esto puede suponer hasta una cuarta o quinta parte de su edificio. Si se calculan los alquileres en función de la superficie edificada, el importe se dispara para la Comandancia. Esta circunstancia se menciona porque los alquileres se convierten fácilmente en motivo de discusión y su ajuste rara vez es igualmente aceptable para todas las partes.

Un Capítulo con el edificio equipado de forma peculiar para sus usos también encontrará que el alquiler parece desproporcionado con respecto a lo que se puede cobrar por Logias en la misma estructura. Con toda probabilidad, esta variación puede resultar peor para el observador superficial porque el número de Capítulos es probablemente mucho menor que el de las Logias que se reúnen en ese edificio. Cada noche de la semana puede asignarse a una reunión de Logia en el templo de una gran ciudad o pueblo, mientras que dos o tres pueden ser utilizadas por los Capítulos.

Las instalaciones especiales deben influir en el alquiler si se intenta fijar equitativamente los gastos. Por ello, me veo obligado a sugerir a los constructores de templos que la simplificación es muy conveniente. ¿No puede hacerse todo el trabajo de la Comandancia en una sola sala? Muchas de las instalaciones disponen de escenarios adecuados que pueden emplearse con mayor libertad para todos y cada uno de los fines que ahora exigen salas adicionales. Obviamente, no puedo tratar esta cuestión tan a fondo como desearía. Mis hermanos templarios entenderán y permitirán esta restricción sobre mí.

Lo mismo puede decirse de la sala capitular. Me atrevo a afirmar que cualquier ceremonia celebrada fuera de la sala principal es un error ritual. No puede edificar a quienes no lo ven. Y me temo que no puede sino faltar el control de los oficiales principales que por el momento, como el resto de la audiencia, se mantienen a oscuras en cuanto a lo que está ocurriendo.

Que todos los hermanos vean lo que ocurre es, en mi opinión, un requisito fundamental en la planificación del templo. En varios casos, como he indicado aquí, puede otorgarse mediante un uso adecuado del escenario o la plataforma con los accesorios adicionales que puedan incorporarse y formar parte de la sala principal.

Me han dicho que Rhode Island prohíbe el estereopticón. Desde luego, nunca la he visto utilizada en mis visitas allí. Sin embargo, no puedo decir que el lienzo o la «alfombra» pintados burdamente que se utilizan a menudo en las logias sean mejores que las diapositivas de colores manchados que pueden ocupar su lugar.

Cualquiera de los dos es deplorable. Es deseable un mayor nivel de excelencia. ¿No puedo decirlo aún con más énfasis?

¿Por qué no incorporar estos símbolos? Conviértelos en parte integrante de los interiores de su Logia y Capítulo. Píntalos con la belleza adecuada en las paredes o grábalos de forma destacada y permanente donde puedan mostrarse al iniciado con orgullo. Ciertamente, no en la oscuridad, sino con la iluminación, deberían presentarse adecuadamente y, de este modo, exhibirse de forma impresionante y clara.

La Logia Palestina de Detroit ha reproducido para sí la sala capitular de la famosa catedral de York. Sus finas vigas y elevadas columnas, su órgano incorporado, su amplio espacio con su compacidad y comodidad están admirablemente concebidos y realizados.

Las salas de la Logia del templo de Nueva York también están diseñadas y ejecutadas con mucho encanto, al igual que las de Filadelfia y otros lugares.

Se adjuntan algunas referencias a descripciones de templos masónicos y auditorios de santuarios publicadas en importantes revistas de arquitectura y construcción.

Templo masónico en Washington, D. C., AMERICAN ARCHITECT AND BUILDING NEWS, 15 de abril de 1908.

Templo masónico de Brooklyn, ARCHITECTS AND BUILDERS MAGAZINE, agosto de 1909.

Masonic Hall, Nueva York, ARCHITECTS AND BUILDERS MAGAZINE, diciembre de 1909.

Templo toscano, St. Louis, BRICKBUILDER, julio, 1909. Plano del templo masónico de Brooklyn, BRICKBUILDER, julio de 1909.

Templo masónico, Washington, D. C., BRICKBUILDER, julio de 1909. Irem temple, Wilkes-barre, Pa., BRICKBUILDER, julio, 1909.

Templo masónico, Colorado Springs, Col., BRICKBUILDER, julio, 1910. Templo masónico, Camden, N. Y., BRICKBUILDER, Sept., 1913.

Templo masónico, Memphis, Tennessee, BRICKBUILDER, septiembre de 1914. Templo masónico, El Paso, Texas, WESTERN ARCHITECT, febrero, 1914. Templo Shrine, Jacksonville, Florida, ARQUITECTO OCCIDENTAL, junio, 1914.

Esta lista no es en absoluto exhaustiva, pero sí bastante representativa. Me gustaría hacer una exposición completa, pero me llevaría más tiempo del que puedo dedicarle ahora.

También recuerdo que estas observaciones se están extendiendo considerablemente, mucho más de lo que yo pretendía. Sin embargo, el tema es prolífico y se podría decir mucho de él. Me vienen a la mente templos cuya acústica es deficiente, en los que no se ha considerado que la ventilación y la calefacción tengan, como sin duda tienen, una influencia vital en las excelencias auditivas de un auditorio. Hay salas de logias donde la iluminación es execrable. Hay una en particular en la que el oficial más frecuentemente oído debe enfrentarse constantemente a masas de luz en la línea directa de visión. No hay nada más irritante. De pasillos mal provistos para entrar y salir no hay pocos. Pero la mayoría son de aspecto noble y propician la presentación digna de nuestras ceremonias.

Poco se ha dicho de la financiación de los templos. Se podría haber dicho mucho. Se trata, en efecto, de una empresa importante Sabios son los que no dan un paso en ella sin el asesoramiento de un abogado competente, y recordando siempre que el derecho de sociedades y la práctica inmobiliaria son especialidades en las que muchos abogados y hombres de negocios no son adeptos. Por lo tanto, el cuidado es esencial en cada paso. No dejes nada al azar y no des nada por sentado.

La
Gran
Obra

OTRA VISIÓN DE
LA GRAN OBRA

Por el Hno. T.M. Stewart, Ohio

No con ánimo de crítica hostil, sino con el espíritu bondadoso de un Hermano a otro, deseo referirme a la crítica del libro titulado *La Gran Obra*, en el número de junio de *The Builder*. No sólo he leído, sino que he estudiado detenidamente *La Gran Obra* y los otros dos libros de la serie Armónica y, tras una lectura atenta de la crítica mencionada, no me encuentro compartiendo las opiniones del crítico ilustradas en los comentarios realizados sobre los dos breves extractos citados.

En primer lugar, permítanme llamar la atención sobre el error de confundir el título del libro con la labor del autor como escritor o editor. El tratado se caracteriza como «más curioso que genial», pero el libro no pretende ser genial. *La Gran Obra* es «Vivir una Vida» conforme a la mejor inteligencia y a los más elevados ideales de Equidad, Justicia y Derecho de cada uno en cada momento. Esta es la enseñanza del criticado libro *La Gran Obra*, y todos sus estudiosos aprenden pronto a distinguir entre las cosas que son puramente personales y egoístas, y las que contribuyen a un mayor desarrollo de las propias capacidades y poderes. De esta manera aprender haciendo, y así por experiencia descubrir lo difícil que es «vivir la vida».

En la crítica leemos: «El escritor de *La Gran Obra* está todo el tiempo impedido por la idea de que es el guardián de un maravilloso tesoro de verdad, que debe ser cuidadosamente guardado del ojo de los profanos, para que no sea traicionado a las manos de aquellos que no son dignos o no están bien cualificados para recibirlo».

Pero el hándicap no es de la hechura de la *Gran Escuela*, ni es culpa del autor de *La Gran Obra*. Permítanme citar del libro *Los Constructores*, de Joseph Fort Newton, en cuanto a los secretos guardados:

> Dios nos protege de las ideas prematuras, decía el bondadoso y sabio Emerson; y lo mismo hace la naturaleza. Guarda sus secretos hasta que el hombre es apto para que se los confíe, no sea que por imprudencia se destruya a sí mismo. Los que buscan encuentran, no porque la verdad esté lejos, sino porque la disciplina de la búsqueda los prepara para la verdad y los hace dignos de recibirla. Por cierto instinto seguro, los grandes maestros de nuestra raza han considerado la verdad más elevada menos como un don otorgado que como un trofeo ganado. No hay que contárselo todo a todo el mundo. La verdad es un poder, y cuando está en manos falsas puede convertirse en una plaga.

Ahora contraste lo anterior con la siguiente cita de *La Gran Obra* para descubrir exactamente el mismo espíritu con respecto a las enseñanzas secretas:

> Las preguntas a las que se hace referencia (por qué el secreto) han sido planteadas por los escépticos, los críticos y los hipercríticos; sin tener en cuenta el hecho de que el conocimiento inusual sólo es obtenible bajo condiciones específicas que también pueden ser inusuales. Algunas de las (preguntas) son las siguientes:

1. Si hay Maestros, o Sabios, ¿por qué no se presentan al mundo y demuestran su identidad como tales?

2. ¿Por qué ocultar nada a nadie, si es verdad?

3. Si los hombres que lo poseen son honrados y los conocimientos que poseen son valiosos para la humanidad, ¿qué excusa o razón puede haber para los «secretos» o para el «secretismo»?

4. Si la Escuela de Ciencias Naturales ha resuelto, en verdad, el sublime problema de otra vida, ha descubierto el Principio de la Naturaleza con el que ese problema está relacionado, y ha elaborado un formulario definido y científico de conformidad con el cual otros pueden resolver el mismo gran problema por sí mismos, y si todo este maravilloso conocimiento es tan importante para el bienestar de la humanidad como parece ser, entonces ¿por qué la Gran Escuela no lo ha dado al mundo hace mucho tiempo? En otras palabras, ¿por qué ocultar su luz bajo un celemín? ¿Por qué no abrir de par en par las puertas de su tesoro a quien quiera que venga?

En el fondo, si no en la forma real, estas mismas preguntas se han formulado muchas veces, y por muchas personas diferentes. Se han formulado de tal manera y con una inflexión tan ingeniosa que indican claramente que quienes las han planteado las creen «incontestables». En realidad, se lo han preguntado aquellos cuyo tono, énfasis, mirada y maneras se combinan para transmitir el desafío: Contéstame si te atreves.

«En el espíritu de cortesía y franqueza, y con la mayor buena voluntad y consideración hacia aquellos cuya actitud acusadora y condenatoria hace que la tarea sea de gran dificultad, es el propósito, aquí y ahora, responder a estas preguntas tan completa y francamente como su naturaleza e importancia parezcan justificar. Esto se hace, no sólo en beneficio de aquellos que las han preguntado, sino también para tantos otros como puedan desear comprender el principio fundamental de la Ética que subyace a todas ellas». (*La Gran Obra*, página 192.)

Para una respuesta completa a las preguntas anteriores, véase el capítulo XII, *La Gran Obra*. De nuevo en la crítica, en *The Builder*, párrafo dos, leemos:

Por el contrario, el libro (*La Gran Obra*) está «DIRIGIDO a la INTELIGENCIA PROGRESIVA de la EDAD», y dilucida clara y definitivamente ese punto a lo largo del texto.

El artículo de *The Builder* (si no tuviera un gran respeto por su editor en su conocimiento de la enseñanza y su intención de «hacer justicia a todos los hombres») me transmitiría una tergiversación de la verdadera posición, propósitos y pretensiones del autor de *La Gran Obra*.

Confiando en nuestro mutuo respeto por la verdad y por el laborioso trabajo necesario para una verdadera base de opiniones estudiosas, solicito publicidad para «Otra Visión de *La Gran Obra*», porque estoy seguro que muchos miembros de la Sociedad Nacional de Investigación Masónica han encontrado tanta inspiración útil de un estudio de ese libro, como han encontrado satisfacción en la lectura de uno de los últimos libros masónicos, a saber, *Los Constructores*. Porque el método de *La Gran Obra* es el «esfuerzo personal», es decir, el individuo debe vivir la vida para conocer la doctrina. Esta misma idea se enuncia en la página 63 de *Los constructores*, a saber: «La aptitud para las verdades más sutiles no puede conferirse; debe desarrollarse».

De nuevo la crítica en la revista *The Builder* dice:

El nombre «La Gran Escuela» es el nombre moderno de una antigua escuela cuya «membresía está compuesta por una asociación voluntaria de hombres cuyas vidas y labores están dedicadas y consagradas a la adquisición y perpetuación del conocimiento en el amplio e ilimitado campo de la ciencia -física, espiritual, psíquica y ética- y a su aplicación al desarrollo de la vida individual, la inteligencia individual, la conciencia individual, la libertad individual, la moralidad individual y la felicidad individual». A estos devotos de la ciencia en su más amplio y mejor sentido, pueden añadirse los estudiantes que han acudido a ellos en busca de instrucción infinita en los diversos departamentos de su saber. «Por razones que les parecen imperativas y justas, su labor de investigación, experimentación, demostración e instrucción se prosigue y realiza bajo el escudo protector de la confianza y el secreto personales». (*La Gran Obra*, páginas 40-41)

En la cita anterior se nos revelan los propósitos de La Gran Escuela, los propósitos son tan antiguos como la escuela misma. La «base de hecho» para la existencia de la escuela se revelará con el tiempo cuando sepamos hasta qué punto estos ideales y propósitos fueron sostenidos y enseñados por los antiguos miembros de La Gran Escuela, como se indica y evidencia en las siguientes citas:

Testimonio de Grote

«Las interpretaciones alegóricas de los mitos han sido conectadas por varios investigadores eruditos con la hipótesis de un antiguo y altamente instruido cuerpo de sacerdotes, teniendo su origen en Egipto o en Oriente, y comunicando a los rudos y bárbaros griegos conocimientos religiosos, físicos e históricos bajo el velo de los símbolos». (Grote's History of Greece-Everymans' Library Edition, Página 81, Vol. II)

Declaraciones de Filón

«También tienen autores antiguos que fueron jefes de su escuela y dejaron muchos monumentos de los métodos utilizados en sus obras alegóricas. Aquel que es el mayor experto en las doctrinas, se adelanta y diserta, con ojos firmes y voz firme, con razón y reflexión; no haciendo un alarde de astucia con las palabras, como los retóricos y sofistas de hoy, sino examinando de cerca y explicando el significado preciso en los pensamientos, un significado que no se limita a encenderse en las puntas de los oídos, sino que penetra en los oídos y llega al Alma y permanece firmemente allí». (Filón *Sobre la vida contemplativa*, de Fred C. Conybeare, Oxford 1895).

La opinión del experto Mead

«Estas hermandades secretas (del Antiguo Egipto) no dejaban registros públicos; se mantenían apartadas del mundo y el mundo no las conocía. Pero son justamente estas comunidades los eslabones de la cadena de herencia de la Gnosis», es decir, del Conocimiento de las cosas que son». (*Fragmentos de una fe olvidada*, por G.R.S. Mead, pág. 61)

«La mayoría de estas escuelas y comunidades místicas, ya fueran de ascendencia griega o egipcia o judía, cuando entraban en contacto entre sí, daban y recibían... y así modificaban sus ideas preconcebidas y ampliaban sus horizontes». (*Fragmentos de una fe olvidada*, de G. R. S. Mead, pág. 95)

Las citas anteriores no son más que algunas de las muchas de la misma naturaleza que podrían hacerse. Indican que han existido antiguas comunidades o escuelas de aprendizaje en épocas remotas y, sin entrar en la cuestión de la cronología, la búsqueda del mundo antiguo se remonta muy atrás en el tiempo. Por ejemplo: «Los babilonios no se contentaban con editar sus himnos rituales y religiosos o sus mitos sobre los dioses y los héroes, sino que también compilaban comentarios y libros de texto explicativos que ofrecían información filológica y de otro tipo sobre la literatura religiosa más antigua». (*El origen y el crecimiento de la religión*, de A. H. Sayce, pág. 16)

La principal característica de la enseñanza antigua era el profundo secreto en que se mantenían las tradiciones, por lo que tenemos que basarnos en el espíritu y los propósitos de la enseñanza antigua y en alusiones simbólicas veladas. Es cierto que el lado misterioso de la religión era la iniciación a un conocimiento más elevado; los más grandes pensadores griegos otorgan a los Misterios los mayores elogios, testigos de la pureza de la enseñanza, que permitía a los hombres vivir mejor aquí y partir de esta vida con la certeza de la inmortalidad. Se dice que Pitágoras fue iniciado en los misterios egipcios, caldeos, órficos y eleusinos. Hoy se le conoce o recuerda en la India con el nombre de Yavancharya, o el maestro jonio.

Ahora, en cuanto a los «registros» cuya existencia está en duda en la mente de muchos debido a la declaración parcial citada del libro, *La Gran Obra*, e incluida en el cuarto párrafo de la crítica en *The Builder*, junto con las preguntas del crítico: «¿Vio él (T.K.) alguna vez esos registros de tiempos inmemoriales, que llegan miles de años atrás de Moisés? ¿Vio alguna vez a alguien que los viera? Si es así, ¿cómo sabe que son auténticos? ¿Con qué ciencia para la comprobación de documentos determinó su autenticidad?».

En el mismo párrafo de la página 43 del libro *La Gran Obra*, del que cita *The Builder*, leemos:

> Estos (registros) cubren una cadena consecutiva e ininterrumpida hacia atrás desde el presente inmediato hasta una época muchos miles de años antes del período mosaico. Pero también podemos leer en ese mismo párrafo: Durante varios años, sin embargo, él (T.K.) ha estado en contacto personal con miembros de la Gran Escuela, y durante ese tiempo ha recibido de ellos una instrucción definida y personal, de la cual no puede ser considerado impertinente o presuntuoso presentar para la consideración reflexiva del lector el siguiente breve e incompleto resumen.

La respuesta es completa. Como estudiante de la Gran Escuela, en contacto personal con sus miembros, encargado por ellos de presentar un esbozo de sus métodos, propósitos y enseñanzas al mundo moderno, sin duda tiene en pruebas todo, y más, de lo que la pregunta exige. Para no dar una respuesta completa y satisfactoria a cualquiera que la solicite, me permito citar otra vez a *Los Constructores*:

El gran secreto (de la masonería) es que no tiene secreto. Sus principios se publican en el extranjero en sus escritos, se conocen sus fines y leyes, y los horarios y lugares de sus reuniones. Después de haber salido de los oscuros días de persecución, cuando todas las cosas finas buscaban la protección de la reclusión, si todavía se adhiere a los ritos secretos, no es para ocultar la verdad, sino para enseñarla de manera más impresionante para entrenar a los hombres en su servicio puro, y para promover la unión y la amistad en la tierra. Sus signos y asideros sirven como una especie de lenguaje universal, y aún más como una graciosa tapadera para la práctica de la dulce caridad, facilitando la ayuda al prójimo en apuros sin herir su amor propio. Si unos pocos se sienten atraídos por la curiosidad, todos se quedan a rezar, encontrándose miembros de una gran comunidad histórica de buscadores y halladores de Dios. Es antigua porque es verdadera; si hubiera sido falsa, habría perecido hace mucho tiempo. Cuando todos los hombres practiquen sus sencillos preceptos, los inocentes secretos de la Masonería quedarán al descubierto, su misión cumplida y sus labores realizadas. (*Los Constructores*, página 244)

A lo que todos los masones, así como todos los estudiantes de *La Gran Obra* dicen: «Que así sea», porque es exactamente la posición de *La Gran Obra*. Además, en lo que respecta a los libros, manuscritos y registros, algunos dudan de su existencia y otros la niegan:

La investigación egipcia ha llegado independientemente a la conclusión de que los constructores de pirámides eran al menos tan antiguos como el cuarto milenio antes de la era cristiana. Las grandes pirámides de Gizeh estaban en curso de erección, el sistema jeroglífico de escritura estaba ya plenamente desarrollado, Egipto mismo estaba completamente organizado y en el disfrute de una alta cultura y civilización, en un momento en que, según la cronología del arzobispo Usher, el mundo estaba siendo creado. (*El origen y el crecimiento de la religión*, de A. H. Sayce, páginas 33, 34)

Las investigaciones colectivas de los orientalistas, y especialmente los trabajos de los últimos años de los estudiantes de Filología y Religión comparadas, les han llevado a la conclusión de que, un inmenso número de manuscritos e incluso obras impresas que se sabe que existieron, ya no se encuentran. Han desaparecido sin dejar el menor rastro tras de sí. Si no tuvieran importancia, con el paso del tiempo habrían desaparecido y sus nombres se habrían borrado de la memoria humana. Pero no es así, ya que, como ahora se ha comprobado, la mayoría de ellos contenían las verdaderas claves de obras aún existentes y totalmente incomprensibles para la mayor parte de sus lectores, sin esos volúmenes adicionales de comentarios y explicaciones. (Sobre las obras desaparecidas de Lao Tze y Confucio, véase *Conferencias sobre la ciencia de la religión*, de Max Muller, página 185)

Las antiguas enseñanzas a las que se alude, pueden seguirse en los restos de cada nación antigua, y subyacen a la enseñanza espiritual (pero no espiritualista) de la época actual. La tradición afirma que miles de pergaminos antiguos se salvaron cuando la Biblioteca de Alejandría fue destruida por Julio César, antes de Cristo. 48; en el 390 d. C.; y en el 640 d. C. por el general de Kalifa Omar. (Consultar a Moisés de Jorene, Historiador Nacional de Armenia). Miles de obras sánscritas desaparecieron durante el reinado de Akbar. La tradición universal en China y Japón, es que los verdaderos textos antiguos con los comentarios han desaparecido hace mucho tiempo del alcance de las manos profanas; la desaparición de cinco o seis veces el material contenido en nuestra Biblia, además de 80.000 o más tratados budistas (*Las leyendas y teorías de los budistas*, por Spencer Hardy) por no hablar de la pérdida de los sagrados comentarios babilónicos, y la pérdida de la clave simbólica de los registros jeroglíficos egipcios.

El profesor Max Muller estima que el número de obras independientes en sánscrito, de las que aún existen manuscritos, asciende a unas 10.000, lo que le hace exclamar: «¿Qué habrían dicho Platón y Aristóteles si les hubieran dicho que en aquella época existía en esa India, que

Alejandro acababa de descubrir, si no de conquistar, una literatura antigua mucho más rica que todo lo que poseían entonces en Grecia?».

«Podemos concebir fácilmente que entre estos manuscritos hay innumerables dramas y obras de ficción, y tratados de literatura y ciencia, pero hay pocas esperanzas de que sean completamente investigados y cribados, y sólo como pepitas en una mina es probable que se encuentren accidentalmente las obras realmente valiosas». (*Astronomía hindú*, de W. Brennand, página 132)

Estas tradiciones son interesantes de estudiar, pero el tiempo nos lleva a afirmar que en la India existe otra tradición de moradas subterráneas, de grandes corredores llenos de azulejos, cilindros y otros registros, que reaparecerán en una época más ilustrada, cuando el fanatismo ya no ciegue la mente humana e impida el estudio cuidadoso de los hechos antes de emitir un juicio. (*Historie des Vierges: Les Peoples et les Continents Disparus*)

Consideraciones puramente brahamánicas, basadas en la codicia de poder y la ambición, permitieron que las masas en la India (como en Egipto) permanecieran en la ignorancia de las grandes verdades; y exactamente estas mismas causas obligaron a los Iniciados entre los primeros cristianos a permanecer en silencio porque algunos de los no iniciados Padres de la Iglesia, que nunca se habían desarrollado como para conocer la verdad, desfiguraron el orden de las cosas.

«Una vez más podemos repetir que hubo relaciones tempranas entre Egipto y Babilonia y que en estas relaciones las influencias predominantes procedían de Oriente». (*Arqueología de las inscripciones cuneiformes*, por el Prof. A. H. Sayce, página 144)

El jefe de una antigua pagoda hindú dijo al coronel Tod, que era más querido por los nativos que cualquier otro inglés:

Shahib, pierdes el tiempo en vanas investigaciones. La India Bellati (es decir, la India de los extranjeros) está ante ti, pero nunca verás la India Gupta (la India secreta). Somos los guardianes de sus misterios, y preferiríamos cortarnos la lengua antes que hablar.

De nuevo refiriéndose a *The Builder*, nuestro Hermano crítico dice: ¿Por qué la Gran Escuela no comenzó su labor en casa, y sacó a la India de la sombra de la superstición y de la parálisis del pesimismo? Pasando a la labor que la Escuela se ha esforzado por realizar en todo el mundo, podemos citar el criticado libro *La Gran Obra*:

En la India, como en Egipto, la marea de la civilización alcanzó por fin su apogeo. La prosperidad material de una nación o de un pueblo, cuando llega a cierto punto, parece desarrollar por sí misma un veneno sutil cuyos efectos acumulativos se manifestarán, a su debido tiempo, fisiológicamente en el cuerpo político. Primero viene el espíritu de egoísmo, luego el deseo de poder, luego la lucha por la riqueza, luego la práctica de la deshonestidad, luego la opresión y supresión de los débiles, luego la protesta de los perjudicados, luego la lucha intestina, luego la lucha final por la existencia, y al final la oscuridad espiritual y la muerte nacional.

El veneno de la prosperidad material no asimilada estaba en la sangre de Egipto. El espíritu de egoísmo se apoderó de su pueblo. Comenzó la lucha por la posición y el poder. Prevaleció la deshonestidad. Siguieron la opresión y la dominación. El sufrimiento y la tristeza estaban por todas partes. El grito del sujeto no fue escuchado ni respondido. La muerte había puesto su sello irrevocable sobre la más orgullosa de las naciones. Egipto murió. La historia de su lucha a muerte es la trágica historia de la inminente y espantosa oscuridad espiritual que finalmente se asentó sobre esa hermosa tierra de sol. (*La Gran Obra*, página 56)

He aquí la razón por la que la India de hoy es lo que sabemos que es en lugar de lo que podría haber sido. Egipto murió. India duerme.

Como podemos leer en el libro *Los Constructores*:

«Sin embargo, si la vida en la tierra no tiene valor, tampoco lo tiene la inmortalidad. La verdadera cuestión, después de todo, no es la cantidad de vida, sino su calidad: su profundidad, su pureza, su fortaleza, su finura de espíritu y el gesto de su alma. De ahí el insistente énfasis de la masonería en la formación del carácter y la práctica de la rectitud; en la cultura moral sin la cual el hombre es rudimentario, y esa visión espiritual sin la cual el intelecto es esclavo de la codicia y la pasión. Lo que hace a un hombre grande y libre de alma, aquí o donde sea, es la lealtad a las leyes del derecho, de la verdad, de la pureza, del amor y de la elevada voluntad de Dios. Cómo vivir es el único asunto; y el hombre más viejo en su edad madura todavía tiene que buscar un camino más sabio que construir, año tras año, sobre un cimiento de fe en Dios, usando la Escuadra de la Justicia, la Plomada de la rectitud, el Compás para refrenar las pasiones, y la Regla por la cual dividir nuestro tiempo en trabajo, descanso y servicio a nuestros semejantes. Comencemos ahora y busquemos la sabiduría en la belleza de la virtud y vivamos a la luz de ella, regocijándonos -así en este mundo tendremos un anticipo del mundo venidero- llevando a la Puerta en la Bruma algo que no debe morir, seguros de que, aunque los corazones son polvo, como Dios vive lo que es excelente es perdurable». (*Los Constructores*, páginas 275, 276)

Incluyamos pues en esta comunicación el testimonio de Max Muller sobre la influencia de las antiguas enseñanzas en la vieja India:

«Si me preguntaran bajo qué cielo la mente humana ha desarrollado más plenamente algunos de sus dones más selectos, ha reflexionado más profundamente sobre los grandes problemas de la vida y ha encontrado soluciones a algunos de ellos, que bien merecen la atención, incluso de quienes han estudiado a Platón y Kant, yo señalaría a la India». (*Lo que la India puede enseñarnos*, de Max Muller)

Una formulación moderna de la antigua ciencia espiritual, cuyo antiguo hogar es la India, puede citarse a este respecto de *La Gran Obra* y es la que se denomina «atención»:

Y finalmente, se espera que cuando la obra esté terminada impresione a cada lector de tal manera que lo inspire a la acción inmediata, el hecho primordial de que es para su propio interés, su propio bien mayor y su propia posibilidad más grande de felicidad, tanto ahora como en el futuro de esta vida, tanto aquí como en la vida venidera, emprender de inmediato la noble y ennoblecedora tarea de «Vivir una Vida» en conformidad con el Principio Constructivo de la Naturaleza, y no desfallecer nunca más hasta llegar a la meta de la Maestría individual, ya sea en esta vida o en el gran más allá. (*La Gran Obra*, página 209)

En lo que antecede nos hemos referido a los altos ideales y elevados propósitos de la Gran Escuela, tal como se revelan en el libro *La Gran Obra*, contrastándolos con ideales y propósitos similares revelados en el libro *Los Constructores*. Ambos libros son obra de masones. Ambos pretenden mostrar las tradiciones del pasado e inculcar el esfuerzo personal necesario para ser un hombre, no sólo en la forma, sino en la fe, en el espíritu y, aún más, en el carácter. Que así sea.

(Como foro abierto para la discusión fraternal, *The Builder* se complace en que los amigos de TK presenten sus reivindicaciones, y ninguno de ellos es más bienvenido que el Dr. Stewart, de la Escuela de Estudios Masónicos de Cincinnati, cuyos logros como estudiante de masonería le dan derecho a ser escuchado sobre cualquier tema de interés masónico. Afortunadamente, no es uno de esos, de los que ha habido unos cuantos, que consideran cualquier diferencia de opinión como un insulto personal. Ni mucho menos. Su artículo es admirable en espíritu, como el hombre mismo, y no hace falta decir que es igualmente acertado en enunciado y forma. No obstante, le rogamos que crea que ni por un momento cometimos el error de imaginar que TK, en el título de su libro, lo describía como Grande. No es así. Nuestra referencia era a la estimación del libro por otros Hermanos que lo llamaban «el mayor libro masónico del mundo»; de ahí nuestra observación de que nos parece «más curioso que grande». Por lo demás, podemos tomar los puntos del artículo por orden:

En primer lugar, respecto al secretismo empleado por la supuesta Gran escuela. El hermano Stewart cita nuestro pequeño libro, *Los Constructores*, para demostrar lo que nunca hemos negado: que no hay que contarlo todo a todo el mundo. Pero esa no es la cuestión en absoluto. No es el secreto de la enseñanza de la supuesta Gran Escuela lo que criticamos, sino el hecho de que la existencia y la historia de la Escuela se mantengan en secreto. La masonería también emplea un método secreto de enseñanza, pero su existencia no es ningún secreto. Sus Antiguos Deberes, su historia e incluso una parte de su ritual están escritos y pueden ser leídos por todos. Ni una sola vez hemos sugerido, y mucho menos exigido, que TK traicione nada de la doctrina secreta de la Gran Escuela, pero al menos debería estar dispuesto a demostrar que tal Escuela existe. El Hermano Stewart nos recuerda que destacados masones han hablado con TK y se han convencido de que tal Escuela existe; pero sin duda no tiene por qué ser un asunto del que se hable en susurros a puerta cerrada.

En segundo lugar, incluso si tal Gran Escuela existe, teniendo su sede «en la lejana India» -y en cuanto a esto no hacemos ninguna pregunta, ya que hay muchas Grandes Escuelas en la India y en otros lugares y han sido tiempo fuera de la mente- eso no prueba que haya existido desde el principio de los tiempos, con registros anteriores a los días de Moisés y las pirámides.

Grote, Philo, Mead y otros son citados por el Hermano Stewart para probar lo que nunca hemos cuestionado, que las escuelas religiosas y filosóficas existieron en la antigüedad. Es evidente. Los Misterios eran tales. Así eran las escuelas griegas de Filosofía. Podemos incluso remontarnos a la Casa de los Hombres de la vida tribal primitiva, que era una Logia secreta en la que cada joven, cuando alcanzaba la mayoría de edad, era iniciado en la ley, la leyenda y la religión de su pueblo, con ceremonias no muy diferentes de las que se utilizan hoy en día. Pero el Hermano Stewart, por sus propias citas, demuestra demasiado. Demuestra que hubo muchas Escuelas -de las que Yarker ha escrito tan eruditamente en sus *Escuelas Arcanas*- miríadas de Escuelas, no una Gran Escuela que supervisara la educación de la humanidad, creando el budismo, el cristianismo primitivo y la masonería, como afirma TK. Por lo tanto, sus citas están bastante fuera de lugar en lo que respecta a este debate.

En tercer lugar, en cuanto a los «registros» de la hipotética Gran Escuela, el hermano Stewart se contenta con demostrar, lo que no hemos puesto en duda, que había muchos registros preciosos atesorados por los hombres en «los años grises de la antigüedad», algunos de los cuales, por desgracia, fueron destruidos. Pero eso no tiene nada que ver con el asunto que nos ocupa. TK afirma que los registros de su Gran Escuela se han conservado intactos, y que se remontan a tiempos prehistóricos, contando la historia del lento ascenso del hombre desde la oscuridad hacia la Luz -incluyendo un registro de la vida de Jesús, quien, según se afirma, fue miembro de la Escuela. Su declaración en este sentido es definitiva e incondicional; no una teoría, como señaló el Hermano Fenell, sino una afirmación. Algunos pedimos pruebas de ello. Y no basta con decirnos que TK ha hablado con miembros de la Gran Escuela y ha comprobado que es cierto. Sin traicionar ninguno de sus secretos. La masonería publica al mundo sus documentos más antiguos. Si la supuesta Gran Escuela posee tales documentos, ¿por qué no pedirle que haga lo mismo, tanto más cuanto que pretende poseer una vida oculta de Jesús y la verdadera historia del origen de la masonería? De hecho, las declaraciones de TK son imposibles de probar, en la naturaleza de las cosas, y él lo sabe. El Hermano Stewart cita las palabras de TK en el sentido de que durante varios años ha estado en contacto personal con miembros de la Gran Escuela y sabe de lo que habla, y dice que «la respuesta es completa». No está completa. No es ninguna respuesta. Ni siquiera aborda la cuestión, y mucho menos la responde. El pasaje citado de *Los Constructores* tampoco le ayuda lo más mínimo.

Cuarto, muy gentilmente el Hermano Stewart procede a mostrar que el espíritu y la enseñanza moral de la Gran Obra están en armonía con la enseñanza que tratamos de exponer en los capítulos finales de *Los Constructores*. Exactamente. La ciencia moral y las leyes de la vida del espíritu están tan de acuerdo en todo el mundo como las proposiciones de las matemáticas. La vida no tiene sentido sino en la medida en que la vemos como una Gran Escuela para la formación del carácter, y sus más profundas satisfacciones, así como sus más altas alegrías, se encuentran en hacer la voluntad de Aquel «en cuya gran mano estamos». La masonería es una Gran Escuela de fe espiritual y cultura moral; todo lo que hay de secreto en ella es su método de enseñanza -lo cual es cierto, como señalamos en *Los Constructores*, de todas las Escuelas de Arcanos de antaño. Aun así, la enseñanza moral de la masonería es una cosa y su historia es otra; y en *Los Constructores* mantuvimos las dos separadas, tratando la tradición como tradición, la leyenda como leyenda, la historia como historia, e insistimos en que TK debería hacer lo mismo. La masonería se encuentra en una gran Tradición Secreta, un epítome de la iniciación universal, derivada, sin duda, de muchas Escuelas Arcanas; utilizando su historia, sus tradiciones, sus símbolos y dramas para llevar mejor a los jóvenes a descubrir el mayor de todos los Secretos, a la vez el más abierto y el más oculto, el parentesco del alma con Dios su Padre, y de la vida como amor y camaradería, aquí y en el más allá.

~El Editor.

UNA HISTORIA DEL CAMINO

Esta vida es un camino medio torcido, y después de cuarenta años
De golpear, soy libre de decir que el derecho no siempre está claro;
He visto a mucha gente equivocarse, salirse del camino principal,
Y acabaron en un pantano, casi antes de que se dieran cuenta;
No me propongo ser juez de lo bueno y lo malo en los hombres,
No he sido perfecto en toda mi vida y puede que no vuelva a serlo;

Y cuando veo a alguien que parece descarriado,
Quiero pensar que empezó bien y sólo perdió el rumbo.

Me gusta pensar que lo bueno de la gente supera con creces lo malo;
El camino de la vida es medianamente duro
Y en gran parte cuesta arriba;

Hay lugares donde no hay guías ni carteles, así que...
En parte hay que adivinar y en parte es cuestión de suerte.
Yo mismo he visto los senderos bifurcarse, y cuando tuve que elegir,
No estaba seguro cuando me lancé si era ganar o perder;
Así que cuando veo a un hombre que parece haberse extraviado,
Quiero pensar que empezó bien y sólo perdió el rumbo.
He visto a mucha gente empezar, con determinación
Y coraje para escalar
Las colinas que se vuelven moradas allá,
Y de alguna manera pierden el sendero;
Los he visto parar y volver a empezar, no estoy seguro del camino,
Y los encontré perdidos en algún sendero ciego,
Casi antes de que lo supieran;
Los he visto dando vueltas, cansados, con cada camino ciego,
Con acantilados ante ellos, montañas altas,
Y pantanos y ciénagas detrás;
Los he visto dando vueltas en el crepúsculo
Cuando el crepúsculo se vuelve gris,
Y buscando el camino principal,
Pobres tipos que han perdido el rumbo.

No está tan lejos de Correcto a Incorrecto,
El sendero no es difícil de perder;
Hay momentos en los que casi daría mi caballo por saber cuál elegir;
No hay guías ni señales para seguir el camino;
A veces lo incorrecto es blanco como la nieve,
Y lo correcto parece horriblemente negro.
No me propongo ser juez de lo que está bien o mal en los hombres;
Yo también he perdido el rastro a veces, y puede que vuelva a hacerlo;
Y cuando veo a alguien que parece extraviado,
¡Quiero meter mi mano en la suya y ayudarle a encontrar el camino!

    - Selección

POR EL CAMINO

Amigos míos del camino,
¿Hacia dónde se dirige este día ventoso?
Únete a nosotros, amigo, nuestro camino es uno,
Por el camino, hasta que acabe el día.

Por el camino hacia la luz del Hogar,
Brillando lejos para todos los que vagan,
Brillando por nosotros hermanos todos,
No sea que vacilemos, no sea que caigamos.

Por el camino, con palabras de ánimo
 Apto para desterrar todos los miedos,
Acciones útiles y sonrisas amables,
Aliviando así las millas barridas por el viento.

¡Arriba todos los hermanos!
Valiente para responder a cada llamada;
Por el camino, hasta que acabe el día
Y la meta por fin está ganada.

- Charles S. Newhall

PODRÍA SER MASONA

Por James C. Naughton

La historia más divertida que he oído nunca,
Lo más gracioso que ha ocurrido nunca,
Es la historia de la Sra. Mehitable Byrde
Que quería ser masona.
Su marido, Tom Byrde, es un verdadero masón,
Tan buen masón como cualquiera de ustedes;
Es Retejador de la Logia Cerulean Blue,

Y reteja como es debido.
Y ella también quería ser masona-
Esta ridícula Sra. Byrde.

Le seguía a todas partes, la inquisitiva esposa,
Hasta que lo atrapó, no sin dejar de burlarse;
Así que para poner fin a esta lucha profana
Al final consintió en admitirla.

Y primero, para poder disfrazarla de arriba a abajo
 Esta ridícula señora accedió a ponerse
Sus calzones... ¡Ah! Perdón, quise decir pantalones;
 Y milagrosamente le quedaban bien.

La logia estaba trabajando en el grado de Maestro;
La luz ardía sobre la letra G;
En lo alto se elevaban los pilares J. y B.;
Los oficiales se sentaron como sabios de Salomón;
El azufre ardía entre horribles gritos;
La cabra deambulaba salvajemente por la habitación,
La candidata les suplicó que la dejaran irse a casa,

Y el diablo mismo se levantó en el Oriente,
Tan orgulloso como un concejal en una fiesta,
Cuando entró la Sra. Byrde.
¡Oh, horribles sonidos! ¡Oh, horrible vista!
¿Puede ser que los masones se deleiten
¿Pasando así las horas de la noche?
¡Ah! si sus esposas e hijas supieran
Las cosas indecibles que dicen y hacen
Sus corazones femeninos estallarían de dolor.
Pero esta no es toda mi historia,
Por esos masones unidos en un horrible anillo,
El candidato aulló como si nada
Y así en tonos de muerte cantan
(El candidato se llamaba Morey):
«Sangre que beber y huesos que quebrar,
Cráneos que romper y vidas que arrebatar,
Corazones para aplastar y almas para quemar -
Dale otra vuelta al viejo Morey,
Y hacerlo todo sombrío y sangriento».

Temblando de horror estaba la señora Byrde,
Incapaz de pronunciar una sola palabra;
Se tambaleó y cayó en la silla más cercana,
A la izquierda del Segundo Vigilante,
Y apenas se dio cuenta, de tan fuertes que eran los gemidos,
Que la silla estaba hecha de huesos humanos.

¡De huesos humanos!, de cráneos sonrientes
Ese espantoso trono de horror rueda -
¡Esas calaveras, las calaveras que llevaba Morgan!
¡Esos huesos, los huesos que llevaba Morgan!
Su cuero cabelludo a través de la parte superior fue arrojado
Sus dientes alrededor de los brazos estaban ensartados -

Nunca en todo el romance se supo de
Tales usos hechos de hueso humano.

Ese azufre brillaba en una llama escabrosa,
Como un lugar que no nombraremos;
Ángeles buenos, que preguntando vinieron
Desde las cortes dichosas, mirado con vergüenza
Y melancolía lacrimógena.
Otra vez bailan pero el doble de mal
Saltan y cantan como locos.
La melodía es *Hunkey Dorey*-
«Sangre que beber y huesos que quebrar,
Cráneos que romper y vidas que arrebatar».
Luego vino una pausa, un par de patas
Alcanzado a través del suelo, por puertas correderas,

¡Y agarró al candidato infeliz!
¿Cómo puedo relatar sin lágrimas
El destino perdido y arruinado de Morey?

Lo vio hundirse en un agujero ardiente,
Y le oí gritar: «¡Mi alma! ¡Mi alma!».
Mientras rugen carcajadas diabólicas
¡Y ahogar los gritos de piedad!

Esa ridícula mujer no podía soportar más -
 Se desmayó y cayó en el suelo a cuadros
En medio de todo el "rugido diabólico".
¿Qué ocurrió entonces, me preguntarás.
¿Mehitable Byrde? ¿Por qué, nada en absoluto -
Había soñado que estaba en la logia de los masones.

FRANCMASONES COMO CONSTRUCTORES

Una serie de investigaciones
sobre los esfuerzos operativos del Oficio

Por el Hno. Elmer F. Gay, P.G.M. de Indiana

1. EL TEMPLO DE INDIANÁPOLIS

El Templo Masónico de Indianápolis es propiedad conjunta de la Gran Logia F. & A.M. de Indiana y de la Asociación del Templo Masónico de Indianápolis. Esta última Asociación está compuesta por once directores que representan a ocho Logias Azules, dos Capítulos de Masones del Arco Real y la Comandancia Raper n.º 1, K. T. Cada parte posee una mitad indivisa del edificio y de los bienes inmuebles.

El edificio tiene una fachada de 130 pies en la calle Illinois, orientada al oeste, y una profundidad de 150 pies en la calle North. Su arquitectura es de estilo jónico y está revestida por los cuatro costados con piedra de Bedford, revestida de ladrillo. Los muros son inusualmente pesados, con un grosor de metro y medio en los cimientos. No hay ventanas por encima del primer piso, salvo algunas de cristal en la fachada de la calle Illinois, que sólo tienen fines decorativos. En el edificio se utiliza exclusivamente ventilación artificial. El aire se toma del nivel de la calle y, tras ser lavado a fondo, se conduce a través de calentadores a todas las partes del templo.

La primera planta se utiliza exclusivamente para fines de la Gran Logia. El vestíbulo principal es de unos 40x50 pies, que, con las escaleras dobles, está acabado en mármol italiano. A la derecha del vestíbulo se encuentran las dependencias del Gran Secretario, a la izquierda la Biblioteca de la Gran Logia y la sala de control de todo el edificio*. Justo detrás se encuentra el Auditorio de la Gran Logia, que cuenta con un escenario grande y bien equipado, así como con 1.200 sillas de ópera tapizadas en cuero y, dado que Indiana sólo tiene un representante de cada logia en las reuniones de la Gran Logia, dispone de un amplio espacio para muchos años.

El Templo tiene cuatro pisos dobles, lo que permite disponer de cuatro entreplantas en el extremo oeste. El entresuelo del primer piso tiene dos cocinas y tres comedores, cada uno con capacidad para unos doscientos comensales. Están divididas por puertas plegables que pueden abrirse, uniendo las tres en una sola habitación, si así se desea.

El segundo y tercer piso son exactamente iguales, y cada uno contiene dos salas de Logias Azules, de 50X70, una sala de retejo, sala de preparación, dos salas de examen, sala de fumadores, y un gran salón social, tamaño de unos 60x35 pies. Los dos salones sociales están divididos por puertas plegables que, al abrirse, forman una sala de unos 35x120 pies, utilizada para bailes, recepciones, etc.

En el extremo oeste de las salas de la logia hay un balcón que alberga un órgano de tubos, el coro y salas de material de iluminación. A la galería se accede por dos tramos de escaleras de tres, cinco y siete peldaños cada uno. Las cuatro salas logias se denominan Dórica, Jónica, Corintia y Compuesta, y sólo se diferencian en el estilo del mobiliario. El segundo y tercer entresuelo están dedicados exclusivamente al uso de los candidatos; cada sala de la logia cuenta con seis salas de preparación individuales. El cuarto piso está dedicado al uso de los Capítulos, el Consejo y la Comandancia, y contiene un Asilo, una sala de la Cruz Roja, una Armería y una sala social, para uso de la Comandancia, una sala capitular con las antesalas necesarias para uso de los Capítulos y el Consejo. El asilo y la sala capitular albergan sendos órganos de tubos.

El entresuelo de la cuarta planta alberga una cocina y una sala de banquetes, con capacidad para unos 350 comensales. Esta sala es de uso exclusivo de los organismos que utilizan la cuarta planta del Templo.

La Comandancia utiliza la azotea especialmente preparada como sala de instrucción y los demás organismos la utilizan para entretenimientos en el jardín. El sótano se utiliza para calderas y maquinaria. Dos Capítulos de la Orden de la Estrella Oriental se reúnen en las salas de la logia del segundo piso. Este templo sólo lo utilizan los masones del Rito de York, ya que el Rito Escocés y el de Shrines tienen sus propios templos.

* (No se permiten abrigos ni sombreros por encima de la primera planta, todas las personas deben comprobar su vestimenta en la sala de control principal situada junto al vestíbulo, desde donde dos ascensores de alta velocidad le llevan a cualquier planta que desee).

LOS LANDMARKS
DE LA MASONERÍA

Por el Hno. Silas H. Shepherd, Wisconsin

(concluido)

El estudio de los Landmarks de la masonería, por el Hermano Shepherd, es una pieza de verdadera investigación masónica, y es valioso porque muestra la confusión que existe entre las diferentes Grandes Jurisdicciones de este país en el asunto de los Landmarks. A este respecto, los Hermanos podrían releer el artículo sobre el tema, sugerido por un ensayo del difunto Hermano T.S. Parvin, en el número de febrero de *The Builder*. Es interesante observar cuántas de las Grandes Logias adoptan la lista de Landmarks formulada por el Dr. Mackey, e igualmente interesante observar cuántas se contentan con la ley no escrita de la Orden. En cuanto a nosotros, si tuviéramos que declarar lo que creemos que son los verdaderos Landmarks de la masonería, sería de la siguiente manera: la Paternidad de Dios, la Hermandad del Hombre, la Ley Moral, la Regla de Oro y la Esperanza de una Vida Eterna.

~El Editor.

Maine: Maine no tiene legislación sobre lo que son los Landmarks. Siguen las ideas de Josiah Drummond.

Maryland: Maryland no tiene una lista de Landmarks. El Art. II de la Constitución de 1906 define el deber de la Gran Logia; entre otros deberes está el de «preservar y mantener los Antiguos Landmarks». El artículo XXIX reza así: «En todos los casos no previstos particularmente en esta Constitución, la Gran Logia se adherirá y se regirá por las Antiguas Reglas y Reglamentos de la masonería».

Massachusetts: Massachusetts nunca ha adoptado ninguna lista de Landmarks. «Se sienten más seguros cultivando un espíritu de reverencia hacia las antiguas costumbres y prácticas de la Orden» que intentando definir los Landmarks.

Michigan: Michigan no tiene una lista de Landmarks. Lo que sigue está tomado del prefacio del Libro Azul de Michigan de 1911: «El primer lugar en el volumen -el lugar de honor- ha sido asignado a los "Antiguos Deberes y Reglamentos" no porque sean, en forma, obligatorios para nosotros, sino porque son universalmente reconocidos como el principio y la base de toda la "ley escrita" del Oficio; y también porque encarnan muchos de esos "Antiguos Landmarks" que dan "límites y fronteras" a las Reglas y Reglamentos de la Masonería Simbólica"».

Minnesota: Minnesota ha adoptado los veinticinco Landmarks de Mackey.

Mississippi: Los Antiguos Deberes y Reglamentos de 1723 están impresos como parte de la Constitución de 1903. Frederic Speed enumera ocho Landmarks que están subdivididos en muchas secciones y que se encontraron entre los papeles del difunto P. G. M. Giles M. Hillyer.

Missouri: Missouri no tiene una lista de Landmarks. El Hno. John D. Vincil, considerado uno de los hombres mejor informados sobre jurisprudencia, negó saber cuáles eran los Landmarks.

Montana: Montana tiene la excepción habitual a sus poderes, a saber: «Siempre que se mantengan inviolables los antiguos Landmarks de la Orden». Montana no tiene una lista de Landmarks.

Nebraska: Nebraska nunca se ha decidido por una lista concreta de Landmarks.

Nevada: Nevada tiene una lista de 39 Landmarks que se adoptó en 1872.

New Hampshire: New Hampshire nunca ha definido oficialmente cuáles son los Landmarks.

Nueva Jersey: Nueva Jersey tiene una lista de 10 Landmarks que se adoptó en 1903. New Jersey Proceedings de 1903 contiene un interesante informe sobre estos 10 Landmarks elaborado por el Comité de Jurisprudencia.

Nuevo México: Nuevo México ha adoptado los 25 Landmarks de Mackey.

Nueva York: «Los Antiguos Landmarks son aquellos principios de creencia, gobierno y política masónica que son la única parte de la Ley Masónica o regla que nunca puede ser alterada o perturbada, y aquellos de ellos que son legales para ser escritos son usualmente, pero no totalmente, injertados en una Constitución escrita». (Const. G. L. de N. Y. 1913). En las páginas 63 y 64 del mismo libro figuran los Landmarks definidos por el P. G. M. Joseph D. Evans, en número de 10.

Carolina del Norte: Carolina del Norte no tiene lista de Landmarks, ni legislación que los defina.

Dakota del Norte: Dakota del Norte no tiene legislación que defina o enumere los monumentos. Incluyen en su Constitución los Antiguos Deberes y Reglamentos.

Ohio: El Código de Ohio afirma que «los Antiguos Deberes contienen las leyes fundamentales», lo que es prácticamente darles sanción como Landmarks. Los Antiguos Deberes forman parte del Código.

Oklahoma: En la comunicación de febrero de 1915 de la Gran Logia de Oklahoma, reconocieron y adoptaron prácticamente los 25 Landmarks de Mackey.

Oregón: Oregón ha adoptado los 25 Landmarks de Mackey.

Pennsylvania: El *Ahiman Rezon* contiene lo siguiente sobre los Landmarks: «La Gran Logia es la autoridad masónica suprema, salvo que no puede cambiar, alterar o destruir los Antiguos Landmarks». «Los Pasados Grandes Maestros serán considerados como los conservadores de los antiguos usos, costumbres y Landmarks". No se enumeran Landmarks.

Rhode Island y Providence Plantations: Rhode Island no tiene una lista de Landmarks. Lo que sigue es un extracto del preámbulo de la Constitución de 1897: «Cada Gran Logia tiene el poder inherente y la autoridad para hacer ordenanzas locales y nuevas regulaciones, para su propio beneficio y el bien de la masonería en general, siempre que los antiguos Landmarks sean cuidadosamente preservados».

Carolina del Sur: Carolina del Sur ha adoptado la lista de 25 Landmarks de Mackey.

Dakota del Sur: La Constitución de Dakota del Sur de 1912 establece que los Landmarks definidos por el Dr. Mackey tienen fuerza vinculante para los masones de Dakota del Sur.

Tennessee: Tennessee tiene una lista de 15 Landmarks que son casi idénticos a los enumerados por Simons.

Texas: Capítulo 2, Artículo 1, Sec. 4, del Código de Texas dice: «El Libro de las Constituciones de la Masonería preparado originalmente por el Dr. Anderson, aprobado A.D. 1723, contiene el sistema de las antiguas leyes y costumbres del Oficio, y se reconoce como vinculante en los puntos en los que esta Constitución guarda silencio; los antiguos cargos en ella contenidos se adjuntarán íntegros a la presente». Esta es la única luz que podemos obtener sobre lo que la Gran Logia de Texas piensa que son los Landmarks.

Utah: Utah sostiene que los «Antiguos Deberes de un francmasón» son los Landmarks. Christopher Diehl, un conocido escritor por correspondencia durante años, tenía una lista de Landmarks que presentó a la Gran Logia de Utah; pero nunca fueron adoptados.

Vermont: Vermont se adhiere a la lista de 25 Landmarks de Mackey.

Washington: Constitución de Washington de 1913, Sec. 13, dice: La acción de los francmasones en la Gran Logia y en sus Logias, así como a título individual, está regulada y controlada 1. Por Antiguos Landmarks, y otras leyes no escritas de la masonería. 2. Por escrito: constituciones y legislación general o especial. 3. Por usos, costumbres y actuación judicial». «Sec. 14 Landmarks: Los Antiguos Landmarks incluyen aquellos principios de gobierno y política masónica que nunca deben ser alterados o perturbados». No se enumeran Landmarks.

Virginia Occidental: Virginia Occidental tiene una lista de 7 Landmarks, un informe sobre los Landmarks para la información de los hermanos se da el primer lugar en el *Libro de Texto Masónico de Virginia Occidental*. Contiene listas de Mackey, Simons, Morris y Pike.

Wyoming: La Gran Logia de Wyoming considera que los Landmarks son un tema demasiado profundo para comentarlo y no intenta una enumeración de los mismos.

Wisconsin: Wisconsin no tiene ninguna legislación que defina o enumere los Landmarks, pero da los 25 de Mackey en código para su información de los hermanos.

Recapitulando, encontramos que el Distrito de Columbia, Minnesota, Nuevo México, Oklahoma, Oregón, Dakota del Sur, Carolina del Sur, Vermont y Virginia adoptan la lista de 25 de Mackey.

Alabama, Louisiana, Mississippi, Ohio, Texas, Utah, mantienen los antiguos cargos para contener los Landmarks.

Los que tienen lista de Landmarks propios y el número son:

Connecticut - Lockwood's 19

Kentucky - Grant's 54

Nueva Jersey - 10

Nevada - 39

Tennessee - 15

Virginia Occidental - 7

Todos los demás sostienen que los Landmarks son la ley más importante y fundamental de la masonería, pero no consideran que una lista hecha por cualquier hombre o cuerpo de hombres sea lo suficientemente precisa como para aplicarse a ellos.

Para concluir esta recopilación, no podemos dejar de expresar una idea que se nos ha ocurrido. Las cuestiones vivas de la jurisprudencia masónica se ven afectadas en su mayoría por los puntos de vista sostenidos con respecto a los Landmarks; tomemos por ejemplo la cuestión de la cualificación física. Para los que sostienen la opinión de Mackey, Lockwood, Simons y otros de que es un Landmark, parece bastante diferente de la opinión adoptada por los que sostienen que los únicos Landmarks son los principios fundamentales de la Paternidad de Dios y la Hermandad de los Hombres.

Apenas podemos comprender la lógica de por qué la cualificación física debe considerarse un Landmark y dejar a la columna de costumbres locales la norma de que un aprendiz ingresado sirva siete años antes de ser aprobado. Ambas eran las reglas necesarias de un

Oficio operativo y la necesidad de un aprendizaje más largo parecería ser mayor que la estricta conformidad.

Una vez más, las prerrogativas de un Gran Maestro dependen en gran medida de la interpretación de los Landmarks, al igual que nuestro reconocimiento de otros Grandes Cuerpos.

Podríamos hacer muchas comparaciones y comentarios, pero creemos que los Landmarks, al igual que la historia y el simbolismo de la masonería, deben dejarse sobre todo a la interpretación individual.

Para quienes deseen leer sobre Landmarks y aún no lo hayan hecho, les remitimos a:

Jurisprudencia Masónica de Mackey.

Principios de Jurisprudencia Masónica de Simon.

Ley y Práctica Masónica de Lockwood.

Libro de Texto Masónico de Maine. *Enciclopedia Macoy-Oliver.*

Código de Kansas de 1913. Notas de Bassett. *Libro de Const. de Kentucky* 1910.

Notas de concesión. Actas de Iowa 1888-1889.

Ars. Q. C. Vol. VII, XXIV, XXV.

Constitución de Mississippi 1903.

Nueva Jersey Proc. 1903. Código de Dist. de Col. 1905, p. 191.

Los informes de correspondencia del Hno. Joseph Robbins, de Illinois, y el Hno. Upton de Wash, son ricos en comentarios.

MONUMENTOS A GRANDES HOMBRES QUE FUERON MASONES

Por el Hno. Geo. W. Baird, P. G. M., Distrito de Columbia

En 1853, cuando las suscripciones para el Monumento a Washington disminuían y el pueblo se inquietaba, el Congreso asignó 50.000 dólares para una estatua ecuestre del general Washington, y se adjudicó el contrato al hermano Clark Mills, un artista local. El Sr. Mills gozaba de una excelente reputación como escultor.

Se decidió erigir este monumento de bronce en el Circle, en la intersección de Pennsylvania Avenue, New Hampshire Avenue y las calles Veintidós y K. Este círculo es uno de los lugares que el excéntrico L'Enfant había diseñado para una pequeña fortificación, que pensó que sería necesaria cuando se produjeran turbas y disturbios. Pero se había convertido en un parque, y en este centro la estatua puede verse desde muchas direcciones.

La estatua muestra al general en su uniforme Continental, con una espada desenvainada en la mano, mirando hacia el este. El busto es una copia del del famoso Houdon, y se considera perfecto. La pose del general y la aparente actividad del hermoso caballo fueron muy elogiadas en su momento.

El caballo, por supuesto, en una estatua ecuestre, es una parte conspicua del grupo: el animal aparece como la naturaleza lo hizo: sus miembros no están oscurecidos por la vestimenta de moda, que las edades futuras no podrían estar satisfechas con: el uniforme de los generales, sin embargo, es muy hermoso, y uno que los estadounidenses nunca deben cansarse de mirar; el del Ejército Continental.

Esta obra de arte fue dedicada el 22 de febrero de 1860 por la Gran Logia del Distrito de Columbia, con la asistencia de la Logia Fredericksburg nº 4. La Comandancia nº 1 de Washington fue el cuerpo de escolta.

El Gran Maestro, George C. Whiting, después de ejecutar los ritos antiguos habituales, se dirigió al Presidente de los Estados Unidos, el Hermano James B. Buchanan, Antiguo Maestro de la Logia Lancaster nº 43 de Pensilvania, y dijo:

«Sr. Presidente. Este mallete, preparado expresamente para este fin, fue utilizado por Washington, como presidente de los Estados Unidos, y como Gran Maestro de los Masones *pro tempore*, en la colocación de la primera piedra del Capitolio de la Nación, el 18 de septiembre de 1793, y tengo ahora el honor de solicitar, en nombre de la Fraternidad, que usted, su hermano y su sucesor, lo emplee igualmente en el acto culminante de dedicar esta estatua».

El presidente de los Estados Unidos, al recibir el mallete del Gran Maestro, pronunció un hermoso discurso de dedicatoria.

Quien esto escribe es probablemente uno de los pocos masones que viven en la actualidad que presenció esta dedicación histórica, y el recuerdo es un placer duradero.

¿QUÉ ES LA FE?

Qué es la fe sino arriesgarlo todo
¿A la realidad de la llamada?
La fe nunca puede ser saber -
Siempre puede ser para crecer.

- E.G. Rockwell.

RESPONSABILIDADES

No siempre privan a la vida de su encanto,
A veces dan gloria y brillo;
Una mujer con un bebé en brazos,
Un pino doblándose bajo un peso de nieve.

- A.D. Patterson.

LIBROS MASÓNICOS

Tantas y tan urgentes han sido las peticiones de los Hermanos para saber cómo y dónde pueden obtener libros masónicos, que nos atrevemos a sugerir que se dirijan a la Torch Press Book Shop, Cedar Rapids, Iowa. Vuestro redactor no tiene ningún interés en esta empresa, salvo el de haber tratado con ella durante muchos años y, sabiendo que es cortés, eficiente y digna de confianza en todos los sentidos, no duda en recomendarla a los Hermanos que buscan libros y a las Logias que desean formar bibliotecas. Muchos de nuestros mejores libros masónicos están agotados, pero pueden conseguirse de segunda mano, y como la Librería Torch Press se ocupa de libros antiguos y nuevos, y está en contacto constante con libreros tanto en este país como en el extranjero, podrá ayudar a los Hermanos. Mientras tanto, el editor ofrece sus consejos y su ayuda -tal como es- tanto a la Librería como a cualquiera de sus Hermanos de forma gratuita y por diversión, deseando hacer todo lo que esté en su mano para unir a los buenos libros y a los buenos hombres.

LA GUERRA
Y EL VÍNCULO MÍSTICO

¡Ay!, parece decretado que las naciones deben al fin hacer una desolación, y llamarla Paz. Cualquier cosa puede suceder en estos días salvajes y aciagos en los que vivimos, en los que el mundo entero está medio loco y la mitad totalmente loco. Muchas cosas justas y bellas ya han sido aplastadas por los rencores raciales y los odios nacionales desbocados en una vasta erupción de salvajismo, y el final aún no ha llegado. Nos aguardan días terribles, en los que la existencia misma de la civilización penderá de un hilo, y no se oirá más que el tronar de los grandes cañones y los pasos ardientes de los Señores del Infierno mientras cabalgan hacia la ruina... ¡nada, salvo un lamento de dolor siguiendo al sol del atardecer alrededor del mundo!

Gran parte de lo que llamamos pensamiento moderno se durmió tranquilamente en la medianoche del 4 de agosto de 1914, y el Reloj del Tiempo se retrasó una era. Desde aquella oscura fecha se ha ido rompiendo lazo tras lazo que unía a los hombres, hasta que sólo queda la Ley de la Selva: que tome quien tenga el poder y que se quede quien pueda. La ciencia se ha vuelto traidora y, por su propia habilidad en el dominio de la fuerza, ha transformado la hermosa tierra en un matadero humano. La Iglesia fracasó, habiendo perdido lo que pretendía poseer, el poder de elevar y guiar a las naciones, de atraer a los hombres entre sí y de basar la vida humana en el amor del hombre por sus semejantes. El socialismo, con su vago misticismo humanitario y su fina retórica de filosofía cosmopolita, se derrumbó como un castillo de naipes en una tormenta.

Por último, el lazo místico de la masonería parece haber cedido bajo la presión de la guerra mundial; la Gran Logia de Inglaterra, después de un memorable debate, ha roto relaciones con sus Hermanos Teutónicos. Los masones de Alemania ya habían repudiado a sus

Hermanos de Inglaterra, Francia e Italia. Sin duda era inevitable que los hombres actuaran así, mirándose unos a otros, como lo hacen, a través de un millón de tumbas donde duermen los padres de los hijos soñados que nunca nacerán. No reprendemos, sólo lamentamos. Tampoco abandonamos la fe, como han hecho no pocos, en el cínico dogma de que la humanidad, lejos de ser el vástago de Dios, fue engendrada por el Padre de la Mentira, sobre la hija de un Ladrón: su cultura un barniz que cubre un animalismo inmóvil que nada puede alterar ni influir.

¡No, no! Aunque recordamos que durante la sangre, el fuego y las lágrimas de nuestra Guerra Civil, cuando los Estados se dividieron y las Iglesias se separaron, el lazo masónico no se rompió. Aunque no pudo evitar la tragedia de la guerra, sí mitigó su horror, tendiendo puentes arco iris entre las líneas de batalla, y muchos hombres de gris plantaron una ramita de acacia en la tumba de un hermano de azul. Hoy, esas tumbas donde los héroes duermen juntos se han hundido a nivel del césped, y los hombres que se encontraron como enemigos en Gettysburg han acampado juntos como amigos, cada uno rindiendo tributo al valor del otro. De este hecho se desprende la esperanza de que, por virulenta y violenta que sea la guerra actual, también ésta pasará, y el odio que hoy brilla como un horno dará paso a pensamientos de dulzura y piedad.

No lo dudes; los hombres en armas al otro lado del mar no son diferentes de nosotros. Pronto tendrán sus Días de Condecoración, y sobre las tumbas de sus infatigables muertos se acercarán unos a otros, viendo con ojos purificados por el sufrimiento que la verdad por la que cada uno luchó no era más que un fragmento, un destello, de una verdad mayor, y que el valor, el sacrificio y la aspiración heroica son las virtudes de todos los pueblos. Los hombres que ahora son enemigos se verán unos a otros tal como son, y entonces dejarán de ser enemigos para convertirse en amigos, al igual que nuestro Norte y nuestro Sur, antes alineados en largas líneas azules y grises, ahora están unidos y son libres. La Gran Guerra purgará la amargura de espíritu de los pueblos y un dolor común caerá sobre ellos como una bendición, mientras vuelcan sus energías en la reconstrucción de la civilización que su conflicto amenazaba con destruir.

CARTAS MASÓNICAS
DE WASHINGTON

Recién regresados de una visita a Mount Vernon, encontramos esperándonos una copia de *La correspondencia masónica de Washington tal como se encuentra entre los documentos de Washington en la Biblioteca del Congreso*, compilada a partir de los registros originales, bajo la dirección de un comité de biblioteca de la Gran Logia de Pensilvania, con anotaciones del venerable Hermano Julius F. Sachse. Es un volumen noble, que contiene copias y facsímiles nunca antes publicados, el cuadro de William Williams de Washington el masón, ahora en la Logia Alexandria-Washington, que sirve de frontispicio, con otras dieciséis ilustraciones bien seleccionadas y exquisitamente montadas. Este volumen histórico fue preparado bajo la supervisión del Gran Maestro J. Henry Williams de Pennsylvania, y su publicación es un acontecimiento notable en los anales de la literatura masónica, tanto por su belleza como por su valor. Más adelante se hará una reseña detallada del mismo, pero debemos decir de una vez que echa por tierra, ahora y para siempre, todas las afirmaciones, argumentos y calumnias de los fanáticos de la manía antimasónica del siglo pasado de que Washington nunca perteneció a la fraternidad, o que sólo tenía un lánguido interés en sus asuntos. La Gran Logia de Pensilvania, con la publicación de este volumen, ha prestado un distinguido servicio a la francmasonería, sometiendo al Arte a permanentes obligaciones de gratitud y buena voluntad.

LOS MASONES
COMO CONSTRUCTORES

En otra parte de este número, el Hermano Clegg nos da una amplia visión de la gravedad del problema de construcción al que se enfrentan los masones de todo Estados Unidos, ya que la Fraternidad, cada vez más, exige locales más grandes y mejores. Si llama la atención sobre los errores, más que sobre los aciertos, es para advertir a quienes contemplan un nuevo Templo, de los escollos en su camino. Con gusto damos espacio a su artículo, porque habla desde la experiencia, y porque su consejo es sin duda oportuno y bueno.

Afortunadamente, sin embargo, no todos los templos masónicos han traído consigo graves problemas. En muchos casos, las Logias tienen la suerte de contar con hombres prácticos, de gran corazón y larga experiencia, que han sido capaces de construir en un templo masónico, de forma sencilla pero completa, aquellos elementos de conveniencia que hacen que el «trabajo» de la Logia, así como las características sociales, sean una alegría para aquellos que participan en ella. Un caso así es el de Indianápolis. Aquí, la Gran Logia de Indiana y los entusiastas hermanos de la ciudad de Indianápolis han unido sus manos para erigir un templo masónico cómodo, conveniente y, en nuestra opinión, casi ideal.

La Gran Logia tiene su auditorio, su biblioteca y la suite del Gran Maestro y del Gran Secretario en la planta principal. Arriba se encuentran las dependencias para las Logias Azules, Capítulos y Comandancias de Indianápolis, y el plano detallado de la planta de la Logia Azul muestra con qué cuidado se han considerado todas las comodidades, así como las necesidades, de los grados fundacionales de la masonería. Más ingenioso aún ha sido el método que ha facilitado la concesión de los grados de Capítulo y Comandancia. Y lo mejor de todo es que cada detalle de todos estos grados se muestra en la propia sala: los Hermanos pueden ver el grado completo, en todos los casos (con una sola excepción).

Esperamos que nuestras ilustraciones de este maravilloso templo transmitan todo esto a los Hermanos, especialmente a aquellos que puedan estar interesados en la construcción del Templo de forma práctica, ahora o en un futuro inmediato. De vez en cuando publicaremos dibujos de otros templos, siempre con el fin de presentar al Arte aquellos elementos que son vitales y esenciales, y que pueden ser fácilmente incorporados en casi cualquier templo masónico, sin importar su costo.

El mayor catálogo del mundo
de libros de masonería
en castellano.

Autores actuales
Estudios históricos
Obras clásicas
Libros prácticos
Literatura y arte
Trabajos biográficos
Obras institucionales
Rituales
Tradición hermética
Guías históricas
...

(más de 600 obras publicadas)

CORRESPONDENCIA

¿QUÉ HACEMOS CON EL RITUAL?

Querido hermano:

Hay tantas cosas que encuentran pronta respuesta en mi corazón que vacilo en escoger una frase del ensayo del Hermano Robert Tipton, página 155, *The Builder*, y darle menos que elogios. Dice: «Por mi parte, acogeré con satisfacción el movimiento que se esforzará por desterrar la terminología anticuada y convertir nuestro ritual en un inglés fácil y sin ambigüedades». Tal vez no entiendo bien el significado que quiere transmitir.

Por lo demás, estoy abierto a la convicción sobre muchas cuestiones relativas a la fraternidad. Por ello, siempre son bienvenidos nuevos testimonios. Pero en cuanto al ritual, ¿no es un hecho que ha sufrido más por exceso de edición que por falta del «lápiz rojo»? Hoy dudo que dos Grandes Logias aprueben el mismo ritual. Por mucho que conozca el «trabajo» en varios estados, no recuerdo que haya uniformidad una vez que se cruzan las líneas de la jurisdicción oficial. Si entonces no tenemos una conformidad más satisfactoria que la que ahora muestran final o provisionalmente todos los comités de revisión que han trabajado sobre el problema, dudo mucho del resultado de una comisión tan amplia como la esbozada por mi hermano Tipton. Podría haber alguna ventaja en tener un ritual uniforme, pero me temo que los resultados obtenibles no justificarían el esfuerzo. El ritual en cada estado ha crecido hasta su disposición actual mediante pequeñas e infrecuentes adiciones y sustracciones. Por muy familiar que sea cada uno en su país, no tendría el prestigio en el extranjero de otro de aceptación similar. Parece imposible que exista un proceso general de toma y daca que pueda acordarse para un ritual revisado de uso universal.

Sin embargo, a veces he pensado que un plan no imposible de aceptar podría ser algo de este estilo: Antes de intentar poner al día estos rituales tan manidos, ¿por qué no recorrer el camino inverso? ¿Es factible desenterrar las formas más antiguas del ritual y luego, en cada estado, asegurarse la autoridad para darlas o una de ellas, la más antigua preferiblemente, de vez en cuando? Una logia que conozco acostumbraba a reunir a sus miembros más antiguos una vez al año para presentar un grado, como se solía hacer antaño. Estas reuniones contaban siempre con una nutrida asistencia. Fueron, sin duda, acontecimientos para recordar.

Sin embargo, me atrevería a decir que la sensatez de este tipo de cosas es discutible.

Sin embargo, hay una forma en la que la propia Gran Logia del Hermano Tipton puede dar ejemplo. Posee el ritual Bowers-Spencer-Hughan del siglo XVIII que se menciona libremente en ese interesante libro, *El origen del Rito Inglés*. El primero de los dos grados que allí se dan sería adecuado para su presentación en logia. El tercer grado podría plantear objeciones. No necesito entrar en las razones de esto. Tomando el trabajo de grado de ese ritual que parece admisible para ser interpretado por los miembros de la logia y estoy seguro de que satisfaría los deseos del Hermano Tipton. Le ruego que le eche un vistazo cuando vaya en sus peregrinaciones a la Biblioteca Masónica de Cedar Rapids.

Si se va a intentar una simplificación del ritual en algún lugar, la posesión única de la Gran Logia de Iowa bien vale la entrada para ese honor. ¿No sería bueno que en alguna reunión anual de su Gran Logia algunos hermanos emprendedores presentaran ese trabajo con la conferencia del famoso Peter Gilkes? Y que tenga la suerte de estar entre los presentes.

R. I. Clegg,
Cincinnati

LA REALIZACIÓN DE LA VERDAD

Estimados hermanos:

«TK y la Gran Escuela» no es un tema masónico tan importante como «El problema de demostrar una vida futura» que el Hermano Fennell propone en su carta a usted, y que ha sido resuelto por TK y su «Gran Escuela», esperemos, y que, sin duda, fue el problema de los Antiguos Misterios en cuyos esforzados grados se dice que muchos desaparecieron para siempre.

Este problema de la raza, que también se está convirtiendo rápidamente en el problema más profundo de la masonería moderna, como se reconoce indirectamente en la respuesta, que la inmortalidad del alma es la expedición polar de la filosofía, como es la estrella polar de la fe. En cuyo caso debe convertirse en el propósito y objeto final de todos los grandes movimientos educativos, debe y será resuelto.

La palabra «polar» omitida en la cita anterior podría dejar la expedición abierta para incluir quizás las arenas calientes del desierto, o al menos, transmitir una sensación más cálida sobre el tema, pero suponemos que el Editor desea mantenerse perfectamente frío.

Ahora bien, los dos Landmarks prominentes o grandes límites de la francmasonería son, en primer lugar, la creencia en Dios y, a continuación, la creencia en la inmortalidad, y luego los grados proceden a mostrarnos cómo podemos convertirnos en una de esas «piedras vivas eternas en los cielos». En otras palabras, demuestra la creencia mortal en la inmortalidad; pero aún así, mantiene ante nosotros el éxito especulativo o dudoso de la empresa y las dificultades inusuales que hay que superar. Esto corroboraría a TK en su principio constructivo con muchas dudas y el temor de que la enseñanza constructiva pueda resultar destructiva en cualquier momento.

La pretensión egoísta de una Gran Escuela de hermanos muy sabios que lo saben todo, sólo es característica de casi toda la enseñanza oriental, y no desentona con el conocimiento especulativo implícito a los P.G.M., y S.G.C., de la masonería. Puede resultar atractivo para muchos, pero no tiene por qué molestarnos a quienes tenemos algo de imaginación propia. Está en la misma línea de las escrituras que enseñan que los «judíos» son el pueblo especialmente seleccionado de Dios, o el pueblo elegido de Dios, muy bien posiblemente, en un sentido espiritual, pero no se ve bien literalmente, porque pensamos que Dios no hace acepción de personas.

Otra cuestión que se destaca bastante a medida que avanzamos, es el hecho de que estos Adeptos avanzados que se representan como respaldo de los diversos movimientos de la educación humana difieren entre sí, y los diferentes grupos están en desacuerdo en cuanto a la gran Verdad y en cuanto al método y la práctica. Esto por sí solo conlleva una duda de su Gran Conocimiento, fuera de la creencia de sus seguidores, pues la Verdad no puede discrepar, es Una, y Dios Verdad, y Espíritu, se usan como términos sinónimos para la Perfección Divina.

La principal debilidad de la enseñanza de la TK, tal como se presenta en *La Gran Obra*, es su aparente olvido de Dios, ese Empuje Divino que es la esperanza inspiradora de la humanidad, y hacer de la «Responsabilidad Personal» la nota clave del esfuerzo. En este sentido no es masónico, ya que las Escrituras enseñan claramente que la «mente carnal» (mente humana o sensorial) es enemiga de Dios y no puede comprender en absoluto las ideas espirituales.

En lugar de Dios, nos da un «Principio Constructivo» de la naturaleza que no siempre funciona constructivamente y es muy peligroso, y un Hermano Mayor que es gobernante de este planeta tierra, un Dios Planetario sujeto a una autoridad aún más alta, lo cual es panteísmo, incluso si se demuestra que realmente existe tal gobernante personal. De hecho, Pecado, Enfermedad y Muerte, son los nombres que incluyen todos los problemas de la humanidad, y la Santa Biblia es el libro de texto aceptado por esta civilización occidental, que contiene el remedio para todo. En ella, el gran maestro, Cristo, nos dice que si guardamos sus dichos: nunca moriremos. También nos dice que la fuerza del pecado es la ley, y el resultado de esta ley del pecado es la muerte. Y justo aquí radica el problema para la masonería, el cristianismo o cualquier otra sociedad benévola, pues cuando este enemigo, la muerte, es destruido, es el último enemigo del hombre y se alcanza la felicidad eterna. Ahora bien, si la mente carnal es enemistad contra Dios, (que es la única Verdad que todos queremos) y la sabiduría del mundo es necedad para con Dios, entonces la sabiduría mundana nunca resolverá el problema, y sin embargo, este mismo libro nos dice que por el hombre vino la muerte y por el hombre debe venir la resurrección. Así que el hombre debe resolverlo y, naturalmente, se convierte en el problema más inspirador de la época, y todas las grandes mentes le prestarán atención.

La mejor y más lógica explicación, que he visto, de esa ley que es la fuerza del pecado y la causa de la muerte, se da en *Ciencia y Salud, en clave de las Escrituras*, de Mary Baker Eddy. Ella es verdaderamente masónica al colocar a Dios en primer lugar y todo el tiempo, como la «mayor ayuda en tiempos de angustia», y está de acuerdo con la antigua enseñanza hermética al afirmar que «todo es Mente», pero Divina no mortal, y además está de acuerdo con los antiguos Sabios, (que son los únicos Grandes Sabios que parecen tangibles) en que la Mente Divina es una Mente, y el Todo y fuente de todo; por lo tanto, la cuestión no sería la «demostración de una vida futura», sino la Realización de la Verdad de la Continuidad de la Vida, ahora y siempre, y que toda expresión de vida es esa vida. *La vida entendida*, de F. L. Rawson, eminente científico inglés, cuya segunda edición acaba de publicarse, es también una revelación en este sentido.

Fraternalmente,

Arthur B. Rugg, Minneapolis

MASONES NO AFILIADOS

Querido hermano:

Hay un tema sobre el que deseo decir unas palabras: el gran ejército de nuestros miembros no afiliados. Son, la mayoría de ellos, aparte de su único defecto de no afiliación, buenos hombres y masones. Algunas de ellas se han convertido en no afiliadas por descuido, al haber abandonado la jurisdicción de su Logia Madre. Han dejado pasar el tiempo, inconscientemente, hasta que el importe adeudado a su logia es tan elevado que les resultaría penoso abonar la suma requerida para el restablecimiento. He sabido que esta suma llega a veinticinco y treinta dólares, una cantidad notablemente grande para un trabajador, con una familia, de sobra. Muchas veces no puede hacerlo y se pierde un miembro. Cabe preguntarse por qué el Hermano no expuso su caso a la Logia. Voy a responder. Tengo en mente a un Hermano al que se le habían cobrado unos veinticinco dólares en su Logia de origen, y que había tenido una desgracia por enfermedad en su familia: su mujer murió dejándole con una familia numerosa a su cargo. Ahorró diez dólares y los envió a su Logia. Yo como secretario, bajo el sello de nuestra Logia, les escribí las condiciones. Se negaron a readmitirlo hasta que pagara el importe íntegro y se quedaron con los diez dólares. Conozco otros casos similares.

Estamos añadiendo nuevo material a la construcción de la Gran Obra, en parte bueno, en parte malo. No cabe duda de que algunas de las cosas que se han tirado a la basura pueden encajar en algún nicho y resultar valiosas. Llegará un día en que cada piedra del «gran edificio» será probada por el fuego para ver si es cuadrada, sana y verdadera, y si en las carreteras o caminos encontramos una que tenga la marca correcta, ¿por qué no alegrarnos? En otras palabras, ¿por qué no ofrecer un incentivo a los no afiliados y ver cuál es el resultado del empate? ¿Qué les parece? Si el secretario de la Logia, o el Venerable Maestro, les facilitaran la reanudación del trabajo en las canteras, tal vez lo harían.

Fraternalmente

L. C. Stewart, Florida

EFICACIA MASÓNICA

Estimado Hermano Editor:

Me interesan mucho los planes y propósitos de la Sociedad de Investigación, y les diré por qué. En común, como creo, con muchos otros masones, me he preguntado muchas veces por la aparente falta de propósito definido en la masonería, aparte del trabajo ritual; y cuando uno reflexiona sobre el asunto es realmente sorprendente que se pueda mantener tanto interés como es el caso. Creo que la explicación hay que buscarla en esa vaga convicción, que parece acechar en la mente incluso del masón menos informado, de que la Verdad de algún tipo importante se oculta sobre las premisas. Y para ser franco, por lo general se oculta muy eficazmente, de modo que realmente, sólo el que busca, y busca con diligencia, puede encontrar.

La cuestión, tal y como yo la veo, es la siguiente: ¿Es la masonería algo más que un medio para manicurar la moral y masajear las líneas del carácter de los hombres? La mayoría creemos que sí. Si sólo significa un proceso de hacer a los hombres respetables -un proveedor de diversión gentil para mantener a los hombres alejados de la maldad-, la Logia ciertamente se ha equivocado en el pasado, y está condenada en el futuro. Una masonería que haga que los hombres odien el mal y que se sacrifiquen por el bien, tendrá la certeza de ser tomada en serio. Todo lo que no sea eso será motivo de risa.

Tal y como yo lo entiendo, estáis intentando que la masonería sea eficiente haciéndola inteligible, y yo estoy con vosotros hasta el fin del mundo, y de vuelta.

Fraternalmente,

Oscar Wayman, Texas

EL PRIMER MASÓN DEL RITO ESCOCÉS

Querido hermano: - Quiero contarles algo que estoy seguro les interesará. Tengo el material en detalle que cubre la vida de Moses Michael Hays, quien fue el primer masón del Rito Escocés hecho en el continente norteamericano. Recordarán que Morin fue comisionado por el Gran Oriente de Francia para llevar el Rito de Perfección a Norteamérica. Morin llegó a San Domingo con las Grandes Constituciones y allí nombró diputado a Francken. Francken llegó a Boston y allí encargó a Hays. Hays encargó más tarde a Spitzer y Snitzer a John Mitchell, que estableció el Rito de Perfección en Charleston, precursor del Supremo Consejo Madre. Ahora bien, se sabe muy poco de Hays, pero todo masón del Rito Escocés, tanto de las jurisdicciones del Norte como del Sur, debería estar interesado en familiarizarse con el hombre cuya patente conecta directamente la suya con el origen real del 32º Grado. Mientras rebuscaba en la Biblioteca Masónica de Boson me encontré con una vieja patente presentada a la biblioteca hace años por E. W. Myers, de Richmond, Virginia. Es el original o una copia de la patente dada a Hays por Francken. Me inclino por la opinión de que se trata de una copia, pero intentaré identificar la caligrafía por lo que respecta a Francken, ya que sé dónde se pueden encontrar algunos escritos que se sabe que son suyos. Si la caligrafía de esta patente y la de la escritura conocida de Francken son idénticas, he descubierto, como puedes ver, un documento que es la piedra fundacional de ambos Supremos Consejos. Pero eso es meramente incidental en la vida de Hays. Su derecho a ocupar el lugar de primer masón del Rito Escocés en América está establecido de manera incontestable de otras formas.

Fraternalmente

C. D. Warner, Mass.

(Esto es realmente interesante, y esperamos sinceramente que el Hermano Warner impulse sus investigaciones y nos dé los resultados de sus hallazgos. Las páginas de *The Builder* están a su disposición para que exponga ante el Oficio todo lo que le interese descubrir en los archivos. Sus artículos sobre temas masónicos en el *Christian Science Monitor* atrajeron una amplia atención, y con razón, tanto por su contenido como por su forma, y nos alegrará mucho saber de él cuando esté listo para publicar sus estudios. - El editor).

DELFOS

Ediciones de Sabiduría Ancestral

(editorialdelfos.com)

Biblioteca de la Tradición Hermética
Biblioteca Textos Fundamentales de la Humanidad
Biblioteca Mario Roso de Luna
Biblioteca Teosófica
Biblioteca de las Vías del Despertar
Biblioteca Templaria

BHAGAVAD
GITA

El Canto
del Supremo

Compilado y comentado por:
Swami B.A. Paramadvaiti y Atulananda Das Adhikary

EN UN RINCÓN
DE LA BIBLIOTECA

UN FILÓSOFO DEL ÁTICO

TRES o cuatro Hermanos nos han preguntado por qué no hemos incluido *Los placeres de la edad*, de Emile Souvestre, entre los mejores libros sobre la vejez. Porque temíamos que a otros les costara tanto encontrarlo como a nosotros hace años, cuando lo encontramos en una vieja librería de segunda mano donde solíamos echar un vistazo en los tiempos que ya no vuelven. Es en verdad un libro lleno de gracia, dulce, meditativo y sabio, uno de los pocos libros que tratan de la última escena de la vida sin amargura, de la que ni siquiera Cicerón escapó. Además, Souvestre no conoció la vejez, salvo por una perspicacia imaginativa, pues murió a los cuarenta y ocho años, cuando la vida estaba en su apogeo.

Además, nos gusta más su *El filósofo del ático*, tanto más cuanto que antes de conocerlo ya teníamos prejuicios contra el libro, pensando que debían de ser las cavilaciones de algún cínico flaco y débil, acuciado por la pobreza, que escribía sus amargos pensamientos desde un ático. Imagínense nuestra sorpresa y alegría cuando vimos el libro, que llegó en un día tan aburrido que si hubiéramos ido a pescar en el océano de las ideas apenas habríamos podido pescar un pececillo. En lugar de un libro de agudo cinismo y ácido ingenio, encontramos uno de los libros más sabios, dulces y sanos que hemos tenido la alegría de conocer.

El *Filósofo del Ático* nos ofrece su grave y amable sabiduría en forma de diario, menos erudito que Amiel, pero con igual observación y perspicacia. Enseña la virtud ridiculizando el vicio, y la amargura que siente se viste con un ropaje de alegría, y pronto es lavada por las aguas de Marah. Ve la miseria del mundo sin despreciarla, y sus trucos cobardes sin odiarla. Aprende a no juzgar por las apariencias; muestra las alegrías de los pobres y las tristezas de los ricos. Cuenta historias, reseña libros, registra cotilleos, pinta paisajes, estudia la naturaleza humana porque le encanta; fuma, sueña y recuerda, y a través de todo ello sopla el dulce aire del campo y el perfume de una sencilla fe en Dios. Escucha algunos de sus dichos:

«Que un hombre aprenda a estar en casa en su propio corazón, y seguramente aprenderá cuánto hay que hacer en casa».

«¡Oh Filósofos! ¡Encontradnos diversión sin brutalidad, y disfrute sin egoísmo!».

«¡Ah! ¡Si los hombres supieran en qué pequeña vivienda puede vivir la alegría, y lo poco que cuesta amueblarla!».

«Otorgamos la palma a la Caridad, pero démosela a la Moderación, la gran virtud social. Incluso cuando no crea a los demás, se erige en lugar de ellos».

«La confianza impide que la tristeza, si no llegue, al menos se quede. Pongo mi juicio en lugar de la providencia, y el niño feliz se convierte en un hombre ansioso».

«¿No es cierto que más allá de la bondad, la prudencia la moderación, la humildad y la propia abnegación, hay una gran verdad, que es la única que puede hacer frente a la desgracia? ¿Y que, si un hombre tiene necesidad de virtudes para los demás, tiene necesidad de religión para sí mismo?».

Ay, aquí hay carne para la mente, alimento para el alma y luz en el camino. Sin embargo, no es un libro de proverbios, sino de la vívida

vida humana de cada día, con sus penas, sus alegrías hogareñas, sus consuelos profundos y tranquilos. Ahí están la vieja frutera, el soldado que amaba las flores, las dos hermanas en su primer viaje al campo, el viejo veterano para quien el amor a Francia era una especie de culto, con recuerdos de viejos tiempos y escenas lejanas, y suaves pensamientos de los muertos que viven en nuestros corazones, y por lo tanto nunca mueren. Es un libro sabio, tanto por lo que recuerda como por lo que olvida, dando limosna al olvido mientras guarda ese tesoro que ni el tiempo ni la muerte pueden oxidar. En verdad, si uno puede tener un corazón tan bondadoso y una fe tan dulce, poco importa dónde viva -si en una buhardilla o en un palacio-, pues quedará limpio de envidias del mal, de inquietudes y temores, encontrando a Dios en todas partes.

* * *

Hablando de los libros más queridos, se os permitirá contar una historia mientras charlamos en la Biblioteca. En cierta ocasión se encontró solo, enfermo y lejos de casa, habiendo caído inconsciente en la calle de una ciudad extraña, donde fue recogido por dos hermanos masones y atendido hasta que se curó de la insolación. Cuando pudo moverse, salió a pasear y, al ver el rótulo de una librería, se aventuró a entrar para ver qué podía encontrar para curar su espíritu. Allí, en un pequeño estuche de curiosos libros antiguos, encontró un volumen que resultó ser uno de los mejores amigos de su vida. Se titulaba *Algunos frutos de la soledad*, de William Penn, y en su soledad vuestro escriba trató de aprender lo que la soledad había enseñado a un hombre grande y sabio.

El valor, el sentido común, una alegría resuelta y, sobre todo, la sensación de estar «nunca menos solo que cuando se está solo»: tal era el mensaje, tal vez sería mejor decir la medicina, de aquel gracioso librito. Más tarde encontró *Más frutos de la soledad*, de la misma pluma, que, en su opinión, son más ricos, más jugosos y cultivados por un muro más soleado de experiencia. Son dos pequeñas cestas de sabiduría madura en las que, si un hombre busca, encontrará manzanas de oro: una mezcla de sagacidad honesta y hogareña y espiritualidad celestial, cualidades bastante raras y aún más raras que crecen juntas. Años después, leyendo las *Cartas de Stevenson*, se enteró de que Robert Louis había tenido una experiencia muy parecida con el mismo librito en los viejos tiempos en San Francisco.

¿Por qué no se escriben libros así hoy en día? Parece que estamos tan enamorados de la maldición de estar ocupados -una especie de baile de San Vito de hacer cosas- hasta que estamos casi en bancarrota en el verdadero negocio de vivir. La meditación es casi un arte perdido entre nosotros. Apenas sabemos estar solos, y mucho menos callar y reflexionar, o, mejor aún, escuchar esas voces que nos dirán, si tenemos oídos para oír, qué significa la vida. Penn era cuáquero, es decir, quietista, y ha puesto en palabras sencillas lo que aprendió en la Escuela del Silencio. Escúchalo un momento:

«Cuántas personas entran y salen del mundo ignorantes de sí mismas y del mundo en que han vivido».

«Haz el bien con lo que tienes, o no te servirá de nada. La riqueza está en las bolsas; la felicidad en la satisfacción, que la riqueza nunca puede dar».

«Ninguna religión es mejor que una antinatural. Ser furioso en religión es ser irreligiosamente religioso».

«Los que aman más allá del mundo no pueden separarse. La muerte no puede matar lo que nunca muere. La muerte no es más que cruzar el mundo, como los amigos los mares».

«Las almas humildes, mansas, misericordiosas, justas y devotas son en todas partes de una misma religión; y cuando la muerte les haya quitado la máscara, se conocerán unas a otras, aunque las diversas libreas que llevan aquí las hagan extrañas».

Esta última frase, una de las favoritas de Lincoln, es inolvidable y expresa su verdadero sentimiento respecto a la religión. Si tan sólo esta verdad se hubiera mantenido en la mente y el corazón, cuánta intolerancia y amargura se habrían evitado, pero, por desgracia, tantas libreas hacen a los hombres extraños, incluso enemigos. Ninguna parte del ministerio de la masonería es más benigna que la forma en que, por el fino arte de la amistad, conduce a los hombres a este descubrimiento hecho por Penn hace mucho tiempo; y así, felizmente, no tenemos que esperar a que la Muerte nos quite la máscara para conocer y amar a nuestros semejantes.

* * *

PREGUNTAS

Querido hermano:

Nada ha sido publicado en *The Builder* más útil para el miembro promedio del Arte que las preguntas compiladas por la Escuela de Estudios Masónicos de Cincinnati. Las Logias de esta sección están a cierta distancia unas de otras, y no tenemos Sociedades de Antiguos Maestros ni Cofradías de Investigación, y es difícil para los Hermanos menos informados conseguir algo que cree interés por más Luz. Es en agradecimiento por lo que la Escuela de Cincinnati y la Sociedad de Investigación están haciendo, a través de *The Builder*, que hago esta expresión. Atentamente. E. J. Matthiesen, La Cross, Kan.

Muchas gracias por sus palabras de buen ánimo. Otros han escrito cartas del mismo tono, que nos confirman en la creencia de que hemos encontrado un método y un punto de contacto con el mayor de todos los problemas que tiene ante sí esta Sociedad: despertar el interés de los masones por el estudio de la masonería. Nos complace anunciar que, cuando la serie de preguntas sobre *Los Constructores* esté terminada, otros libros serán abordados de la misma manera, por la amabilidad y la industria de la Escuela de Cincinnati; por ejemplo, *La Historia de la Francmasonería*, de

W. G. Sibley, publicado por el Lion's Paw Club, Gallipolis, Ohio.

* * *

¿Sería tan amable de decirme si el emperador de Alemania es masón o no? Lo he visto afirmado de ambas maneras, incluso en revistas masónicas, y me desconcierta saber la verdad. - J. L. B

No, el Kaiser Wilhelm no es masón. La historia proviene probablemente del hecho de que todos los reyes de Prusia, desde la época de Federico el Grande, con la excepción de Federico Guillermo IV y el actual emperador, eran masones. Creemos que el único monarca de Europa relacionado con el Arte es el rey de Suecia, que es Gran Maestro de los masones de Suecia, siendo el Príncipe Heredero el Diputado Gran Maestro.

* * *

Por favor, dígame el origen y el significado de la palabra «cabletow» (cuerda). ¿Tiene otro uso que no sea masónico? He buscado en vano una explicación clara al respecto. Quizás a otras personas también les interese su respuesta. - H.T.S.

Hasta hace poco, la palabra «cabletow» era de uso exclusivo masónico, pero el *Standard Dictionary* (1913) la define como «una cuerda o línea para tirar o guiar; en francmasonería, simboliza, en el segundo y tercer grados, el pacto por el que los masones están ligados». Resulta extraño que se limite al segundo y tercer grado. Mackey, en su *Enciclopedia*, dice que la palabra es «puramente masónica» y que la derivación probable es la alemana «Kabeltau». Lawrence, en sus *Conferencias Masónicas Prácticas*, dice que 'Mabel' es una palabra del holandés, que significa una gran cuerda, que, estando sujeta al ancla, sujeta el barco cuando cabalga; y que 'Tow' es una palabra del sajón, que significa levantar o arrastrar, y se aplica, náuticamente, para arrastrar una barcaza o barco a lo largo del agua. (Conferencia II) Albert Pike encontró el origen de la palabra en el hebreo 'khabel', que significaba cuerda, cordón, cable atado a un ancla, (Prov. 23:34) y que Tu o To como sufijo, significaba 'su', es decir, «su cuerda de anclaje». En Ezequiel 18: 12, 16 y 23:15, y en Job 22:6 la misma 'Mabel' significaba atadura o prenda, y «atar como con una promesa». Y en Ezequiel 18:7 es la palabra 'Khabel-to', que significa «su compromiso». Por la longitud del «cabletow» se entiende, según Pike, «el alcance, la intención y el espíritu de la propia promesa».

Tal es la confusión con respecto al origen de la palabra, y en cuanto a su simbolismo la confusión es igualmente grande. Pike parecía sostener que no tiene ningún significado simbólico, ya que el uso al que se destina en caso de necesidad lo despoja de toda apariencia de símbolo. Con esto está de acuerdo Mackey, señalando que se utiliza simplemente como un dispositivo físico para controlar al iniciado, lo que podría ser cierto en el primer grado, pero es obviamente un error en las referencias a él en los otros grados. Lawrence sostenía que el «cabletow» es un símbolo de la obligación de un masón, el lazo místico que une al iniciado con Dios, con la Orden y con la justicia; un lazo que ata y atrae, y que sujeta al hombre, para que no vaya a la deriva como un barco en el mar. Rowbottom, en su *Origen del Ritual Masónico*, da el «cabletow» como un símbolo que enseña al candidato que está atado con una cuerda cuyo lazo de indigencia y necesidad, apretándose con implacable severidad, traerá no menos desastre a los descuidados e indolentes que tratan de evadir los deberes de sus vidas. Paton, en su *Francmasonería, su simbolismo* (Cap. XLV) insiste en que el «cabletow» es un símbolo sencillo y natural del lazo que une a la Fraternidad, y su uso tal vez pueda remitirse al lenguaje figurado en el que el Señor habla al profeta Oseas, cuando riñe con el culpable Efraín: «Te atraje con cuerdas de hombre, con lazos de amor». (Oseas 11:4)

Así que ya lo tienes todo, confusión peor confusión en cuanto a origen y significado. Tenemos nuestra propia opinión sobre el simbolismo del «cabletow», pero antes de exponerla queremos conocer la de los demás, y para ello invitamos al debate. Dejadnos escucharos, hermanos.

* * *

Hay una palabra familiar a los masones que se traduce a menudo: «¡Qué es el Constructor!», y a veces: «¿Qué hay en el Constructor?». No estoy familiarizado con el hebreo, pero por alguna razón esta frase nunca tuvo un significado profundo para mí. ¿Tiene alguna sugerencia al respecto?

- T.S.M.

Albert Pike opinaba lo mismo que tú sobre esa palabra, y solía traducirla como «médula en los huesos». A primera vista no parece mejor que la interpretación aceptada, pero escuchemos ahora su explicación. Como «médula» en latín significa tuétano, la parte interna, la quintaesencia; y en griego el cerebro se llamaba 'muelos', o tuétano, del cráneo; y como 'Os', un hueso, en Latia, significaba también el núcleo, Pike sostuvo que la palabra hebrea en cuestión tenía un significado similar. Pike sostenía que «la médula en el hueso» se utilizaba como una frase trillada para ocultar una verdad profunda, a la manera de Pitágoras. Realmente la «médula en el hueso» significaba el Verbo Divino en el Universo. Por ejemplo, la verdadera Palabra de un masón era el nombre hebreo de Dios -que se ha perdido-, el Pater Agnostos, el Padre Desconocido y Dios invisible, incomprensible por el intelecto humano y, por tanto, sin nombre. La palabra sustituida -sustituida por necesidad, ya que nadie puede nombrar a Aquel que no tiene nombre- es el símbolo de, y representa «el primogénito de la Creación, el Verbo Eterno, o Logos, en quien resplandece la imagen de Dios, hasta donde el hombre puede conocerlo, por quien todas las cosas fueron hechas». Si reflexionas un momento, descubrirás que esto da una interpretación muy maravillosa a la palabra que utilizamos, sobre todo en la escena en la que se emplea.

Curiosamente, cinco Hermanos han preguntado por el 47º Problema de Euclides. Uno es un joven que nos dice, francamente, que no sabe cuál es el problema y que le gustaría que se lo explicaran. Otro quiere saber por qué Pitágoras lo utilizó como símbolo y qué simbolizaba. Otro se pregunta si no tiene un significado y una utilidad prácticos para los masones de hoy.

El problema es el siguiente: - En todo triángulo rectángulo, la suma de los cuadrados de la base y la perpendicular es igual al cuadrado de la hipotenusa, es decir, la línea que une los extremos de los otros dos lados. Si, por ejemplo, la base tiene tres medidas y la perpendicular cuatro, de la misma longitud cada una, la hipotenusa será cinco. Si no es así, la base y la perpendicular forman un ángulo obtuso o agudo, y el triángulo no es rectángulo. Si un obrero estaba levantando la esquina de un edificio y quería saber si era cuadrada, medía tres pies desde la esquina hacia un lado y cuatro hacia el otro. Si la línea trazada desde los extremos era superior o inferior a metro y medio exactos, no había hecho una esquina cuadrada. Tal era el problema y el uso práctico que le daban los antiguos masones operativos.

Se dice que cuando Pitágoras descubrió este teorema sacrificó cien bueyes. ¿Por qué? Como problema matemático no tiene más importancia ni interés que otros cincuenta de Euclides; y mucho menos que muchos de ellos. Pitágoras nunca llamó a otros problemas símbolos, y mucho menos «un Gran Símbolo». ¿Por qué lo utilizó como tal? Ciertamente no consideraba la figura, el triángulo rectángulo, como una figura, un símbolo. No, su simbolismo estaba en los números tres, cuatro, cinco, especialmente tres y cuatro, cuya suma es el siempre sagrado número Siete. ¿Por qué el siete era sagrado para Pitágoras? ¿Siete qué? Tal vez las siete potencias divinas de la teología de los magos medos, con los que estudió en Babilonia. De los siete, tres eran femeninos y cuatro masculinos. Como las tres potencias femeninas pertenecían al mundo de la Naturaleza -en la teoría de la antigüedad-, se las representaba como una línea horizontal, o base, del triángulo rectángulo, y las cuatro fuerzas masculinas, por medio de las cuales la Deidad actúa sobre la naturaleza, eran la perpendicular; y la hipotenusa representaba a la Deidad misma, Ahura Mazda, conteniendo en Sí misma a las cuatro potencias masculinas.

Hasta aquí Pitágoras. Pero, ¿qué puede significar el problema para nosotros? Tal uso del problema no evoca ningún significado profundo, y mucho menos entusiasmo, en un hombre moderno, salvo que puede traer a la mente la verdad familiar del Dios Padre-Madre de todas las grandes religiones. Por lo tanto, nos permitimos sugerir un significado y uso muy práctico del problema, de esta manera: - Así como los antiguos masones utilizaban este problema para comprobar si su trabajo era cuadrado, ¿no podríamos nosotros emplearlo para el uso más noble y glorioso de comprobar si nuestras vidas son cuadradas y verdaderas con el orden del mundo? ¿Cómo puede un hombre saber que sus actos son correctos? ¿Por el juicio de la conciencia? Pero la conciencia no es infalible. Nos dice que hagamos lo correcto, pero no nos dice qué es lo correcto. Si la conciencia es una medida de la esquina, ¿cuál es la otra medida, o norma, con la que puede completarse la prueba moral? Aquí de nuevo nos detenemos para discutir, y estaremos ansiosos de escuchar a los Hermanos hablar sobre ello. Se trata de un problema de vital importancia práctica, al que todo hombre se enfrenta casi a diario: ¿con qué método puede resolverse?

* * *

ARTÍCULOS DE INTERÉS

«Masonería Antigua», de F. W. Krueger. «Escuadra y compás».

Henry Price, Primer Gran Maestro de los Masones en América, de C. D. Warner. *Noticias de Galveston* (Texas).

Los secretos de la masonería, de E. B. Guild. *Francmasón americano*.

El escarabajo como símbolo en el Libro de los Muertos, de T. M. Stewart. *La Nueva Era. Formación masónica para los jóvenes*, de A. G. McChesney. *La Nueva Era*.

Historia del origen de las Grandes Logias originales y del Arco Real, de J.F. Carson. *Revista Masónica de Virginia*.

* * *

LIBROS RECIBIDOS

El amor y el masón, de Guy Thorne. Wernie Laurie, Londres. *Revista del Consistorio Oriental*, Vol. 6, Chicago.

Correspondencia masónica de Washington, por J. F. Sachse. Gran Logia de Pensilvania, Filadelfia.

La Biblia de hoy, por A. Blakistin. Cambridge University Press.

Conceptos de propiedad de los primeros hebreos, por M. J. Laure. Universidad de Iowa. *¿Qué puedo saber?*, de G. T. Ladd. Longmans, Green Co. Nueva York.

El camino de la mística moderna, de W. S. Palmer. Duckworth & Co., Londres.

LOS CONSTRUCTORES

Como los poderosos poetas
Pena y dolor para construir su canción:
 Lo mismo para cada alma,
Cualquiera que sea su suerte -
Construyendo mientras ruedan los cielos,
Algo grande y fuerte y libre -
Cosas que duelen y cosas que mar
Forma al hombre para la alabanza perfecta;
La conmoción, la tensión y la ruina son
Más amable que los días sonrientes

- J.W. Chadwick.

AMÉN

Dame fuerzas para ayudarle a seguir;
 Si hay un alma más ciega,
Déjame guiarlo más cerca de Ti.
Haz realidad mis sueños mortales
Con el trabajo que me gustaría hacer;
Revestir de vida la débil intención,
Déjame ser lo que quise decir;
Déjame encontrar en Tu empleo
Paz que es más querida que la alegría;
Salir de uno mismo para amar
Y al cielo aclimatado,
Hasta que todo sea dulce y bueno
Parece mi hábito natural.

- Whittier.

¿POR QUÉ LLEGA LA SOLEDAD?

¿De dónde viene el consuelo?
No de ver,
Qué es hacer, sufrir, ser;
No por notar las admoniciones del Tiempo;
Pero al aferrarse al Sueño
Y contemplando el Resplandor
Por donde las cosas grises parecen doradas.

- Thomas Hardy.

PIENSA SÓLO EN ESTO

Si muero, piensa sólo esto de mí:
Dijo la verdad que se le dio a ver,
Y trató de ayudar a su raza en el camino
Hacia ese día mejor, más brillante y lejano.

- J.F.N.

¿DÓNDE ESTÁ EL DESCANSO?

Descansar no es abandonar la ajetreada carrera profesional;
El descanso es la adecuación de uno mismo a su esfera.
Es el movimiento del arroyo, claro sin conflictos,
 Huyendo al océano después de su vida.
Es amar y servir a lo más alto y mejor;
Es adelante, inquebrantable, y ése es el verdadero descanso.

- John S. Dwight.

MASONICA

Ediciones del Arte Real